# 持続可能な建物価格戦略

## 従来の価格設定を覆す会計の視点

土屋清人 著

中央経済社

# はしがき

本書の目的は，建設会社が販売する建物の価格を，顧客が心から嬉しいと思える持続可能な価格に設定し直すことです。ここでいう「持続可能な」とは「会計的な考え方」を採り入れた「会計思考的な」と同義とお考えください。もちろん会計思考的な価格設定にしたからといって，建設会社の利益は少しも減少しません。

顧客は，「この建設会社に建物の建設を頼んで，本当に良かった！ 購入後の税金のことまで考えてくれる建設会社は，他にはどこにもない！」と絶賛してくれることでしょう。

持続可能な価格設定が最も効果的な建物とは，収益を発生させる建物です。建物の購入者（顧客）は法人・個人どちらでも構いません。もちろん，建物の購入者（顧客）が大企業でも中小企業でも構いません。

持続可能な価格設定は，大企業が喜ぶ価格設定にも，中小企業が喜ぶ価格設定にもすることができます。企業の規模や経営方針にジャスト・フィットした価格に設定することが可能なのです。

重要なことは，建物のライフサイクルも考慮に入れた価格を設定できるということです。建物のライフサイクルを考えることは，まさに，サステナビリティ（持続可能な），循環型社会形成，SDGsにおいて建物を考えることと密接な関連性があります。

わが国のRC造の建物であれば100年以上使用し続けることが可能なことは，ヨーロッパの石造りの建物が何百年も使用し続けられていることからも推察できます。

工事もせずに古くなったら建て替えるという行為は，環境問題や資源問題から考えても良くないことは理解できるでしょう。つまり，建物は極力長く使用し続けた方が理に適っていることは明白です。

資源を大切に使用すること，廃棄物を可能な限り少なく抑えることは，サステナビリティ，循環型社会形成，SDGsの考え方に一致するものです。そのため建物を100年以上使用し続けるためには，大規模修繕工事をしなければなりません。

しかし，この大規模修繕工事は，会計学や税法ではこれまでほとんど研究されてこなかった分野です。したがって，大規模修繕工事を行うと，会計報告では貸借対照表の建物勘定において架空資産が発生し，税務申告では不必要な税金の支払いが発生するという看過できない問題を引き起こします。ちなみに架空資産とは，粉飾決算を意味します。

建物の大規模修繕工事をすればするほど，建物の架空資産が増え，不必要な税金が発生するという，信じ難い悪循環に陥るのです。これはもはや，会計・税務の問題というより社会的問題といえます。

この問題を解決するのが本書の役割です。この粉飾決算や不必要な税金が発生する社会問題を解決できるのは，会計学者でも税法学者でもなく，実は建設会社なのです。

本書に記載されているメソッドを生かせば，建設会社は，顧客を更に満足させ，本業を通してCSR（企業の社会的責任）を果たすことが可能となります。

このメソッドとは，今までにない価格設定をいいます。会計や税法で重要な役割を担っている減価償却というスキルを活用した価格設定です。この考え方を本書では「会計思考」と呼びます。

この会計思考に基づいた建物の価格設定法を使用すれば，ライバル会社に差を付けられると同時に，顧客満足度を上げることができ，さらには本業を通してCSRを実践できます。また，特筆すべき点は，なんら設備投資資金を必要としない点です。これまでの価格設定の考え方を会計思考にするだけで，簡単にできるメソッドです。

簡単なメソッドなのですが，このメソッドの裏付けには，様々な学問分野の知識を活用しています。建築，財務会計，管理会計，租税法，憲法，行政法，経営学，マーケティング理論，経済学，倫理学などです。特に，ISO（国際標準化機構）の基準をもとにしたCSRの理念をメソッドの正当性の根拠に据えている点は，読者の賛同を得られるものと確信しております。

CSRは企業経営において重要視されているものです。企業は社会の一員であるから，社会的責任を果たすべきであるという考えのもとに，企業は様々な方法を用いて社会貢献を果たしています。実は，このCSRはISO26000において定義されているのです。

ISOとは，全世界に通用する基準となる規格を作る組織です。このISO26000においてCSRの定義が行われているのです。この定義に基づいたCSRを建設会社が実践しようとした場合，多くの企業は手段や方法がわからず途方に暮れることでしょう。

しかし，本書を一読すれば，世界基準に合致したCSRを簡単に実践することが可能となるのです。CSRの専門書は巷に溢れていますが，この本は建設会社に特化したCSRの実践方法が明確に示しています。サステナビリティ，循環型社会形成，SDGsにおいて建設会社が，何をなすべきか，明確な目標設定が提示されています。それは，建物の価格構造を変えることなのです。価格構造を変えれば，顧客満足度を上げることができ，社会貢献ができ，建設会社が本業を通してCSRを実践できるのです。価格構造とは何か，この本を少し読み進めれば，簡単に理解できるでしょう。

以下，謝辞を述べさせて頂きます。

この本を世に問うことができたのも千葉商科大学という素晴らしい研究環境があったからだと思います。原科幸彦学長はじめ諸先生方に感謝の言葉を申し上げます。特に新井益太郎博士の門下である佐藤正雄名誉教授には，長年にわたり私を激励し続けて頂いたばかりではなく，貴重な時間を割いて会計学の研究思考法から講義の仕方まで様々なご支援を賜りました。

心より感謝申し上げます。太田三郎名誉教授にも，企業評価論や思慮深いご助言を頂き謝意を表します。大学院（政策研究科，博士課程）プロジェクト・アドバイザーの山本守之先生には，税法において民間の知恵をどのように導き出すかという実践の仕方をご教導頂き，深く感謝申し上げます。

また，マリタックス法律事務所の山下清兵衛弁護士には，法律の面白さ行政法の楽しさを様々な角度から教えて頂き，感謝に堪えません。帝京大学 佐貫利雄名誉教授には，日本記者クラブでの定例会にて経済学，都市工学，産業分析を教えて頂いたばかりではなく，様々な分野の財界人・研究者の方々との出会いの場を作って頂いたことに感謝の言葉を捧げます。

本書の出版にあたって中央経済社の秋山宗一氏からはときに辛口の的確な指摘など一方ならぬご厚情を頂き，心から謝意を表します。

最後に，身勝手な生き方しかできない不肖の息子を温かく見守り続けてくれた父作蔵と明るく元気な母千恵子に深く感謝し，幾久しく幸せな生活を送ってもらいたいと切に願います。

以上をもって謝辞の言葉とさせて頂きます。

最後にこの場をお借りして，新型コロナウイルス感染症で亡くなられた多くの方々のご冥福をお祈り申し上げます。また命がけで立ち向かってくださっている医師や看護師などの医療従事者の皆様へ心より感謝の意を表したいと存じます。

令和２年５月

土屋清人

# 目　次

## 第2章



## 第3章



## 第4章

## 第7章



## 第8章



## 第9章

## 1 会計思考から「建物の価格」をデザインする

ISO（国際標準化機構）やCSR（企業の社会的責任）において重要な概念として「持続可能な発展」があります。また，2015年の国連サミットにおいて全会一致で採択された「持続可能な開発のための2030アジェンダ」にて記載された持続可能な開発目標（SDGs）があります。

持続可能な社会を考えたとき，循環型社会は大変重要な項目であることは周知のとおりです。循環型社会形成において建物を考えた場合，資源の消費抑制や廃棄物の処理問題の視点から，建物は可能な限り長く使用することが求められます。

建物の使用耐用年数を延ばす重要なポイントは，適正な大規模修繕工事を実施することです。しかし，会計学や税法は，大規模修繕工事に対応する理論を備えていません。したがって，本書が提案するメソッドを知らずして建物を減価償却している企業は，決算報告において貸借対照表の建物勘定に架空資産が発生し，税務申告においては不必要な法人税等の支払いが生じます。

つまり，持続可能な社会形成を考えると，建物の会計処理には重大な問題があるということになります。

本書の課題は，「持続可能な発展」を遂げるために，減価償却の計算において重要ポイントとなる建物価格を，架空資産が発生しないように，また不必要な法人税等の支払いが生じないように設定することです。建設会社は，減価償却という会計の考え方（思考）を建物の価格設定に取り入れることによって，架空資産を排除し，企業の社会的責任を本業を通して果たすことができるのです。

会計思考を基盤にして建物の価格をデザインする理論を，本書では「価格構造メソッド」と呼びます。この理論は，会計思考をベースに建築学，マーケティング理論，法律（憲法・行政法），経営学，ISOやCSRの考え方を裏付けとした理論です。

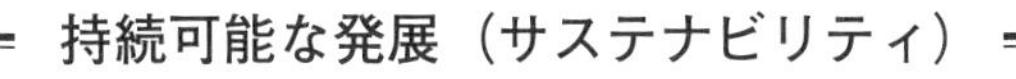

**持続可能な発展（サステナビリティ）**

建物という資産

適正に会計処理できない

サステナビリティと循環型社会形成は
会計・税務において不可能

解決策は？

会計思考によって建物の
価格をデザインする

価格構造メソッド

## 2 建物の価格は，このままでよいのでしょうか？

答えは，NOです！

建物の価格は，建築工事請負契約書において明記されている価格に対して，工事発注者と建設会社の双方が納得すれば，簡単に決まります。

しかし，売上拠点となる建物を費用化する顧客は，契約書に明記された価格によって，大きな影響を受ける可能性があります。さらに言えば，建物が完成した際に，建設会社が渡す工事内訳書の価格によって，顧客に大きな問題が発生するのです。

現在，建設会社の決定している建物の価格は，コストプラス法という価格設定法に基づき導き出されています。しかしこの価格設定だと，顧客に不都合が生じるのです。

したがって，建物の価格は建設会社主導のコストプラス法ではなく，顧客が要望する価値に合った価格設定を行う必要性が生じます。それは，マーケットインという価格設定法です。

実は建物は１つの商品でありながら，２つの価格が存在する商品なのです。そのためこれからご紹介する価格構造メソッドは，マーケットインという価格設定法を活用するのですが，その裏には，会計学と税法等の知識が必要となります。しかしそんなに難しい理論ではありません。減価償却という簡単な理論です。

簡単な理論なのですが，社会に与えるインパクトはかなり強烈です。したがって，簡単な理論を保証するために，憲法，行政法，ISO26000，CSR，SDGsなどを担保として理論構築しています。

本書で提示する価格構造メソッドなら建物の早期償却プロセスが論理的に説明可能となります。

## 建築工事請負契約書の価格

現在は コストプラス法

顧客に不利益を与える可能性が大きい

マーケットインにすべき

価格構造メソッド

憲法・行政法・ISO26000
CSR，SDGsの考え方

会計思考（会計・税法の思考）

## 3 価格の決め方は自由であるべき

モノの値段，つまり価格はどのように決定されるべきなのでしょうか？一般的には原価があって，これに利益を乗せたものが価格と考えられているようです。それには，原価を基に利益はどの程度上乗せしてよいのか，無制限に利益を乗せることは可能なのか，法律で決まっているのか，たくさんの疑問が生じます。

ブランド商品を例に考えてみましょう。

ヨーロッパのブランド商品は，ブランドのロゴやデザインが商品に付加されると，財布やカバン，スカーフ，何から何まで高額になります。いわゆるブランドの力です。原材料は，基本的に大衆が使っている財布やカバンと大差ないものなのに，ブランドという価値が付加されることにより，驚くほど高額になります。

利益の乗せ方について，興味深い記事が2017年11月15日の読売新聞にありました。伊藤忠商事の岡藤正広社長へインタビューした記事です。岡藤社長（現在，代表取締役会長CEO）は，2017年３月期には純利益3,500億円超を打ち出し，株価を就任時の2.4倍するという偉業を成し遂げた人物です。

その岡藤社長がインタビューの中で，ヨーロッパの高級婦人服は１着150万円するが，その生地を納めている日本の会社は，１万５千円しかもらっていないというのです。つまりブランド服になれば，材料費の100倍，材料費は売価の１％となる価格設定をしているというのです。「なぜ，こんなことが起きるのか。日本では原価を積み上げて値段を決めるけど，欧州は原価なんか関係ない。この商品にはこれだけの価値がある――という「マーケット・イン」の発想で値段を決める。」ということです。

モノの値段，価格を考えるときに原価なんかに縛られる必要は全くないといえます。自由に利益を乗せる価格設定でよいのです。

つまり，建物の価格も既存のコストプラス法の考え方から脱却することが必要不可欠なのです。本書で提示する価格構造メソッドは，建物の価格にマーケットインの発想を取り込んだものです。

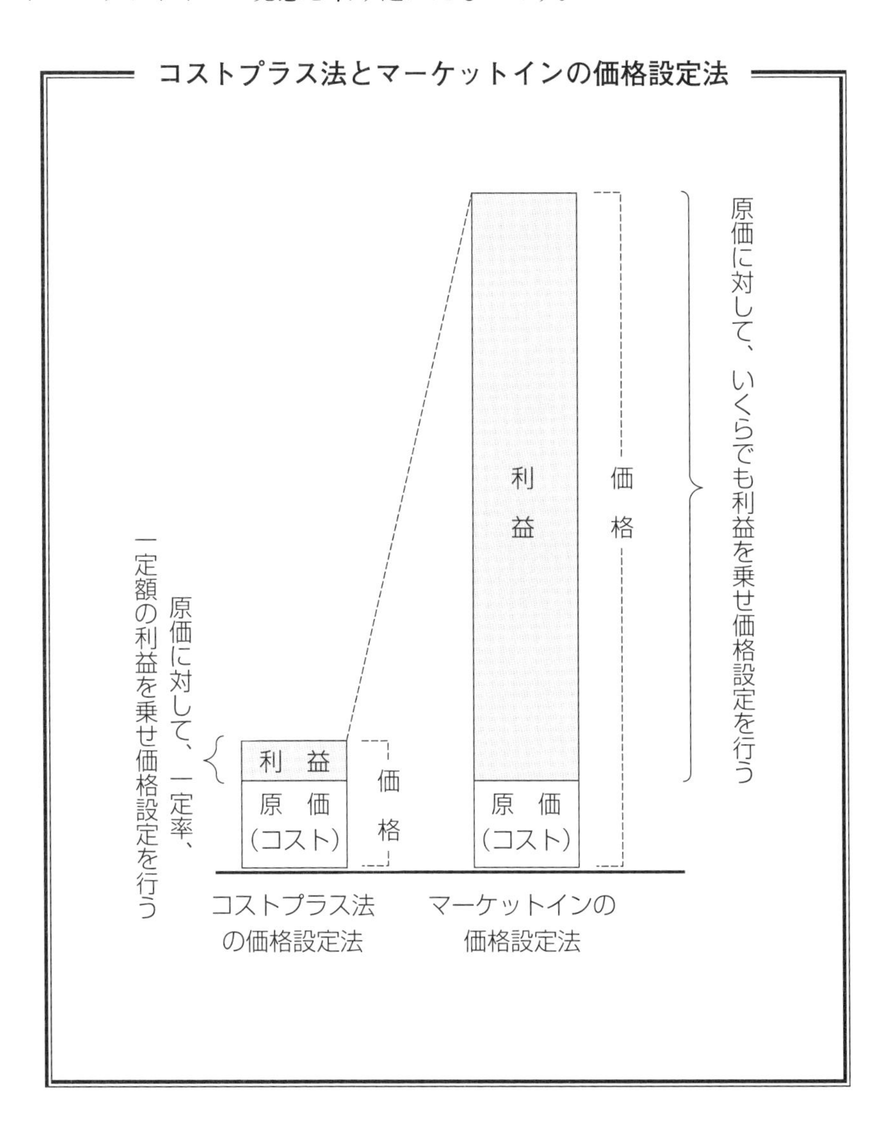

## 4 コストプラス法とは

ここでコストプラス法とはどのような価格設定なのか解説します。

この設定法は，コスト（原価）に基づいて価格設定を行うものです。つまり，原価に対して一定率，一定額のマージン（利幅）を定めて価格を設定するものです。

なぜ，建物はコストプラス法によって価格設定が行われるのでしょうか？

まず，第1に業界の慣習と考えられます。

第2に建設業法の存在です。建設業法20条1項にて「建設業者は，建設工事の請負契約を締結するに際して，工事内容に応じ，工事の種別ごとに材料費，労務費，その他の経費の内訳を明らかにして，建設工事の見積りを行うように努めなければならない。」と定められているからです。この点に関しては他の章にて詳しく説明します。

第3に顧客に疑念を抱かせないためです。価格設定に原価を使用しているので過度の利益は乗せないという安心感を与えるためと言えます。

このコストプラス法で建物の価格を設定する場合は，基本的に事務所ビル等では躯体部分の価格と附属設備の価格比率はおおよそ70：30になります。

ちなみにコストプラス法という価格設定の起源は，「教会が商業の規制に取り組んで，商人は公正な利益しか得てはならず，大儲けをしてはならないと定めた中世にあると言われている」[1]そうです。建物の営業を効果的に行うためには，コストプラス法という古い価格設定理論を破棄することが不可欠なのです。

1 ジャグモハン・ラジュー，Z・ジョン・チャン，藤井清美 訳『スマート・プライシング』朝日新聞出版，2011年，12頁

## コストプラス法の価格設定法とは

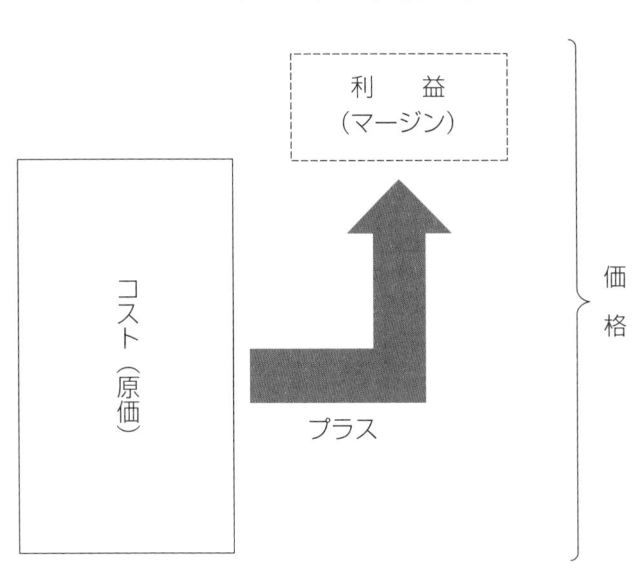


※コストプラス法とは，原価に対して一定率，一定額のマージン（利幅）をプラスして価格を決定する価格設定法である。

中世時代の価格設定法

500年前の価格設定で問題ないか？

顧客が不利益を受けるため大問題である

## 5 建設会社と顧客

「建物の価格戦略」について論じる前に，建設会社から購入した建物について，顧客は通常どのような会計処理を行うのか，知ってもらう必要があります。

まずはじめに建設会社と顧客との契約は，どのような義務がお互いに発生しているか確認しましょう。

建設工事にあたって建設会社には，どのような義務が生じるのでしょう。建設工事の契約は建設工事請負契約によって行われます。請負契約の定義は，民法632条において「請負は，当事者の一方がある仕事を完成することを約し，相手方がその仕事の結果に対してその報酬を支払うことによって，その効力を生ずる」としています。

つまり，建設工事の請負契約は「建設会社が建物を完成させ，顧客が建物の引渡しと同時に報酬を支払うこと」を約束させるためのものです。

したがって，建設会社の義務は，建物を完成させ，顧客へ建物を引渡すことです。また顧客の義務とは，建設会社へ報酬を支払うことです。

期間内に建設会社が建物を完成させ，顧客へ建物を引き渡せば，民法632条からすると，建設会社は基本的に契約の義務を果たしていることになります。

しかし，それだけでは顧客は満足するのでしょうか？　また，企業の社会的責任を果たしているのでしょうか？　本書で扱う内容は，顧客をいかに満足させ，本業を通して建設会社がいかに社会的責任を遂行すべきか，この点を「建物の価格」の視点から論じるものです。

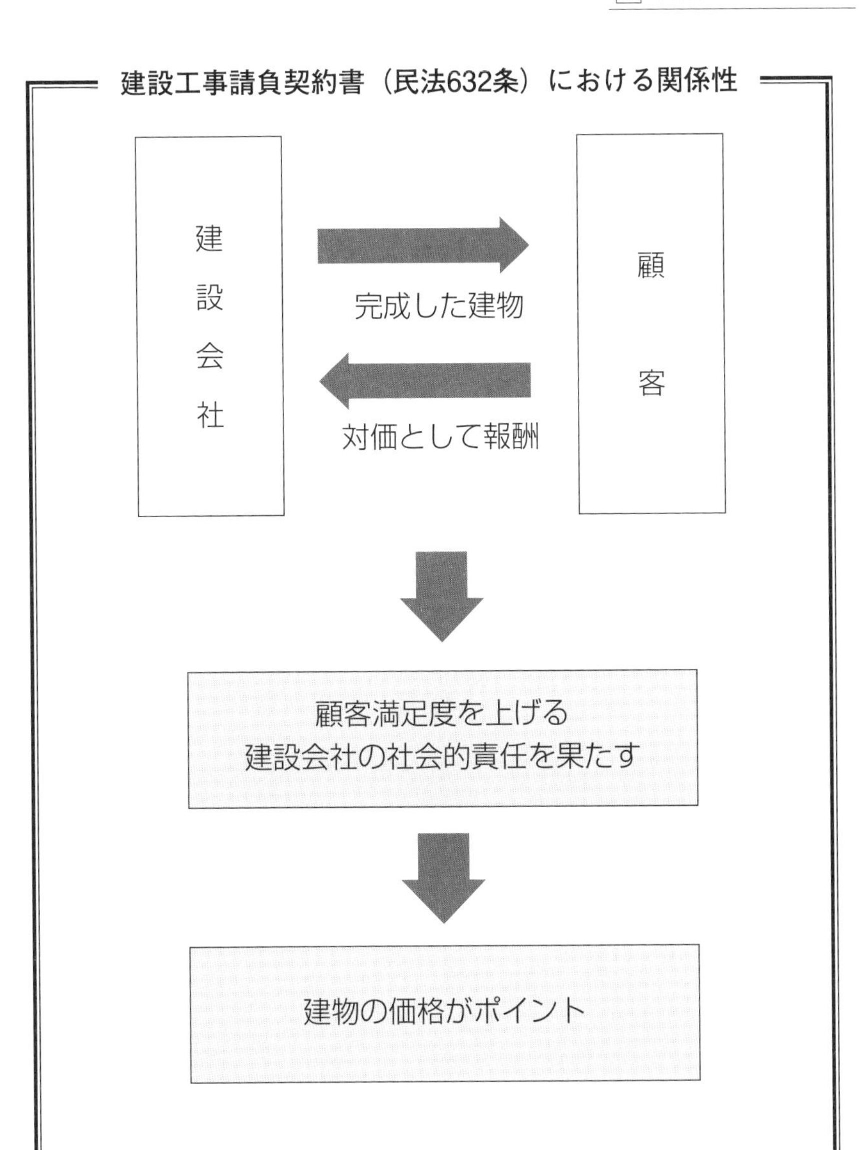
建設工事請負契約書（民法632条）における関係性
建設会社
完成した建物
対価として報酬
顧客
顧客満足度を上げる
建設会社の社会的責任を果たす
建物の価格がポイント

## 6 建物の価格はいくつかの価格の合計額である

モノの価格とは，本来１つの商品・製品に１つの価格しか存在しません。しかし，建物は，１つの商品でありながら，いくつかの商品が内在しているようなものなのです。内在する商品についてそれぞれ価格が設定されているといえます。この理由は建築基準法２条を見ると理解できます。

### 建築基準法第２条とは

建築を専門に仕事としている方は，建物と聞くと違和感があるかもしれません。建築基準法では，建物という定義を使用せずに建築物という定義を用いているからです。

建築基準法は，建物を設計する者や建築する者が，守るべき法律です。建築基準法第２条では，建築物の定義として以下のように規定されています。

### 建築基準法第２条（建築物の定義）

> 土地に定着する工作物のうち，屋根及び柱若しくは壁を有するもの（これに類する構造のものを含む。），これに附属する門若しくは塀，観覧のための工作物又は地下若しくは高架の工作物内に設ける事務所，店舗，興行場，倉庫その他これらに類する施設（鉄道及び軌道の線路敷地内の運転保安に関する施設並びに跨線橋，プラットホームの上家，貯蔵槽その他これらに類する施設を除く。）をいい，建築設備を含むものとする。

上記を見ると，建築物の価格は，①「屋根及び柱若しくは壁を有するもの（これに類する構造のものを含む。）」の価格，②「これに附属する門若しくは塀，観覧のための工作物又は地下若しくは高架の工作物内に設ける事務所，店舗，興行場，倉庫その他これらに類する施設」の価格，③「建築設備」の価格，つまり3つの価格が建築物の価格に含まれていると思料できます。

**構築物の資産構成について**

建築基準法2条

① 屋根及び柱若しくは壁を有するもの
② これに附属する門若しくは塀，観覧のための工作物又は地下若しくは高架の工作物内に設ける

事務所，店舗，興行場，倉庫その他これらに類する施設

③ 建築設備

上記 ①の価格+②の価格+③の価格＝建築物の価格

建築物は1つの価格ではない

普通の商品・製品の価格と同じに考えてはいけない

## 7 会計・税務における建物の範囲と価格構成

実は会計・税務における建物の定義の仕方は，建築基準法２条とは異なります。

会計・税務においては，建築基準法２条の建築物については，次のように分類する必要性が生じます（法人税法施行令13条）。

一　建物及びその附属設備（暖冷房設備，照明設備，通風設備，昇降機その他建物に付属する設備をいう。）
二　構築物（ドック，橋，岸壁，桟橋，軌道，貯水池，坑道，煙突その他土地に定着する土木設備又は工作物をいう。）

しがって，会計・税務においては，建築物を建物，附属設備，構築物の３つの資産に分類することが求められます。

本書で扱う「建物」とは建物と附属設備をいい，門や外壁，緑化施設，看板などなどは構築物に該当するため，本書で扱う「建物」の範疇には入りません。

以上をふまえて，あえて，「建物」を建築基準法２条の文言で表現すれば，以下の２つに分類することができます。

①　土地に定着する工作物のうち，屋根及び柱若しくは壁を有する部分
②　建築設備の部分

さらに，①をコンパクトな言葉で表現すると，「躯体部分」となります。②は「附属設備部分」ともいいます。したがって，建物とは躯体部分と附属設備部分から構築されているといえます。

つまり，建物は１つの商品でありながら，「躯体部分」と「附属設備部分」という２つの商品が内在していることになります。内在する２つの商

品についてそれぞれ価格設定を行い，２つの商品の総額が建物の価格となります。

**会計・税務における建物の範囲**

簡略的に言えば

建物とは①と②（建築基準法２条の文言使用）

①土地に定着する工作物のうち，
屋根及び柱若しくは壁を有する部分
②建築設備の部分

※門，外壁，緑化施設，看板は建物ではない

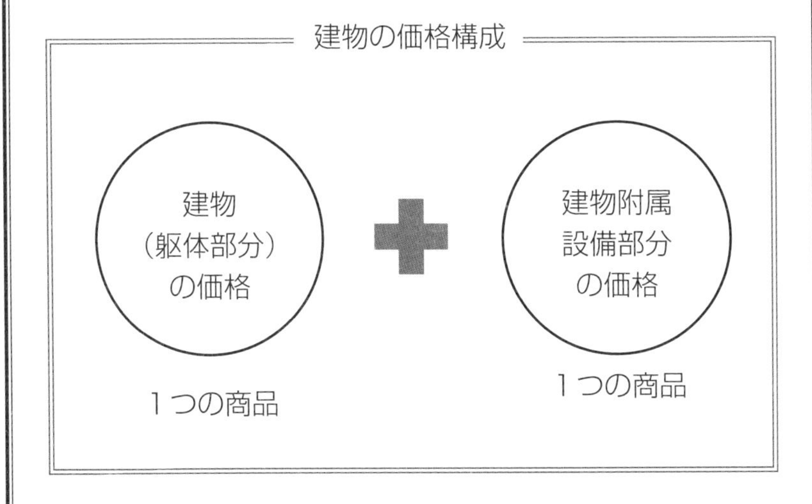


建物の価格は２つの商品の合算

## 8 「躯体部分」と「附属設備部分」とは

それでは，「躯体部分」と「附属設備部分」とは具体的にどのようなものをいうのでしょうか？

「躯体部分」とは，工事内訳書の工種別書式でいうと，土地，地業，コンクリート，型枠，鉄筋，防水，石，タイル，木工，金属，左官，木製建具，金属製建具，ガラス，塗装，内外装，カーテンウォールなどです。

大まかに「躯体部分」とは，基礎，外壁，屋根及び柱・壁・天井・床などと捉えることが大切です。

また「附属設備部分」とは，工事内訳書の工種別書式でいうと，電気設備，給排水設備，空調設備，衛生設備，昇降機，機械などとなります。

「附属設備部分」に該当するものは，「躯体部分」に該当するものより，具体性が高いので理解しやすいと思います。したがって，「附属設備部分」以外のもので，門や外壁，緑化施設，看板などを除いたものが「躯体部分」に該当すると認識しておくことが大切です。

つまり，建物は，１つの商品でありながら，「躯体部分」と「附属設備部分」という２つの商品が内在しているのです。内在する２つの商品にはそれぞれ価格があります。この価格が，それぞれいくらになるかが，顧客にとって，決算や税務申告において重要なポイントとなります。

建物の躯体部分の価格とは，基礎，外壁，屋根，柱，壁，天井，床などの合計額をいいます。また附属設備の価格とは，電気設備，給排水設備，空調設備などの合計額をいいます。

一般的にいわれている建物の価格とは，躯体部分の価格と附属設備の価格の合計額を指します。しかし，会計思考で建物を捉える場合には，建物の価格は躯体部分と附属設備部分に分類し，それぞれの価格が重要な意味を持っていることを忘れてはいけません。

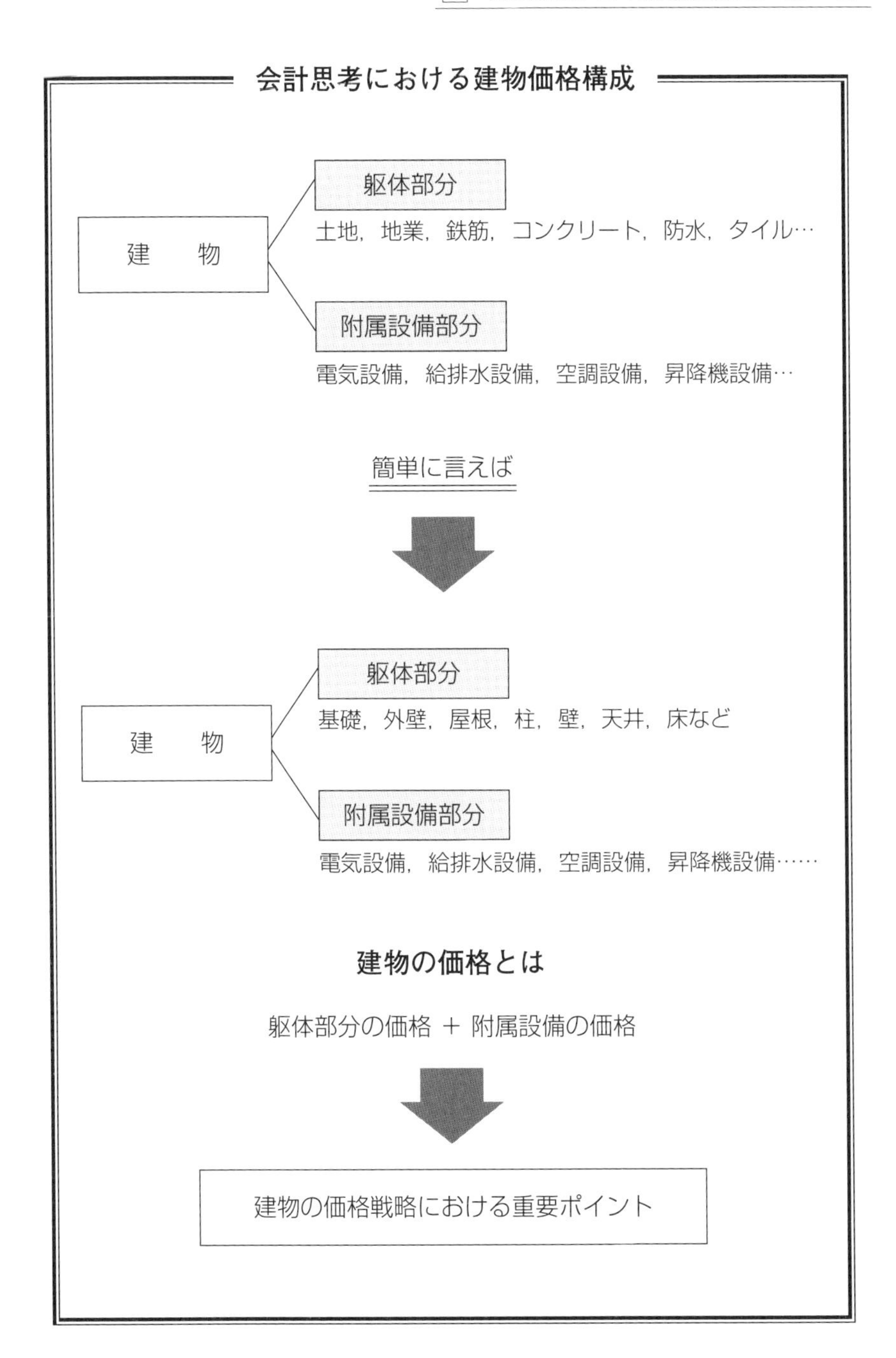
会計思考における建物価格構成
建　物
躯体部分
土地，地業，鉄筋，コンクリート，防水，タイル…
附属設備部分
電気設備，給排水設備，空調設備，昇降機設備…
簡単に言えば
建　物
躯体部分
基礎，外壁，屋根，柱，壁，天井，床など
附属設備部分
電気設備，給排水設備，空調設備，昇降機設備……
建物の価格とは
躯体部分の価格 ＋ 附属設備の価格
建物の価格戦略における重要ポイント

## 9 コストプラス法の問題点

それでは，コストプラス法が引き起こす問題点は，どのようなものがあるのでしょうか。

ハーマン・サイモン氏の『価格の掟』（中央経済社，2016年，143頁）では，「この価格設定方法（コストプラス法）はその名のとおり，企業目標よりもコストに主に依存する。そして，少なくとも顧客や競合他社の行動を無視しているのは間違いないだろう。」と指摘しています。

このセンテンスからコストプラス法の問題点が２つ浮かび上がります。

第１に，企業の目的をないがしろにしている問題です。企業の目的とは，顧客満足度です。顧客が満足しなければ，企業から顧客が離れ利益も減少します。つまり，顧客の満足度を上げる価格設定になっていないという問題点が浮上します。これは顧客の会計処理における減価償却の問題です。

第２に，顧客の目的達成に配慮していないという問題です。顧客は，高額な建物を購入するわけです。顧客が収益事業に建物を使用する場合，建物という資産を減価償却という方法によって費用化していきます。

そのため顧客は税金面においては，マイナス影響を受けることになるのです。建物附属設備であれば法定耐用年数15年で費用化できますが，建物（RC造の事務所）であれば50年で費用化することになるからです。

さらに，『価格の掟』では「コストプラス方式の価格設定は……顧客や自分の利益を犠牲にする恐れがある。コストプラス方式を使うと，価格が高くなりすぎるか，低くなりすぎる可能性が高い。」（144頁）と指摘しています。建物でいえば，コストプラス法で価格設定すると，わが国では費用化する期間が50年と長期間にわたり償却しなければならない「躯体部分の価格」が大きくなり，15年と短い期間で償却できる「附属設備部分の価格」は小さくなり，結果的に顧客が犠牲になっているということです。

## コストプラス法の問題点

顧客の満足度を無視する

コストプラス法の建物価格割合

| 70<br>建物（躯体部分）の価格 | 30<br>建物附属設備の価格 |
|---|---|

100
建物の価格

顧客の利益を犠牲にしている

会計思考の視点で分析すると上記の理由が明白！

## ⑩ 減価償却の計算ポイント

### 減価償却とは

会計学では，企業は半永久的に継続するであろうという前提条件を背景に，企業が取得した建物等の資産は，費用配分の原則により，使用または時の経過などにより取得時よりも価値が減少していくため，各会計期間に価値減少分をコストとして損益計算書に計上しなければなりません。

このコスト配分方法を減価償却といいます。なぜ，コスト配分をするのかと言いますと，適切な期間損益を計算するためです。

例えば，10億円の建物を購入して，減価償却をせずに購入した期に10億円全額を費用にしたらどうでしょう。建物はその期だけでなく，何十年も売上に貢献し続けるものです。次の期も，その次の期も。購入期に10億円全てを費用化したら，その後の期に建物として使用し続けても費用として計上できなくなります。これでは，適切な期間損益の計算とはいえません。そのため，減価償却を用いるのです。

ちなみに土地や借地権，美術年鑑に掲載されている絵画や骨董品は永久資産といい，減価償却の対象外となります。

### 減価償却の計算

建物は以前から，建物附属設備平成29年度より定額法だけしか使用することができなくなり，建物関係の減価償却は，全て定額法ということになりました。定額法とは，減価償却費の額が原則として毎年同額になる償却方法です。会計（財務会計・制度会計）では定率法という減価償却方法も選択できますが，通常はそうしません。

なぜなら理由は，企業は決算報告だけではなく，最終的には税務申告をしなければならないため，減価償却方法を統一しておけば，修正の手間が省けるためです。これを逆基準性といいます。

定額法の計算は，取得した原価（価格）を耐用年数（コスト配分の期間）に配分する考え方を用います。

計算式は下記のとおりになります。

減価償却費＝取得原価÷耐用年数

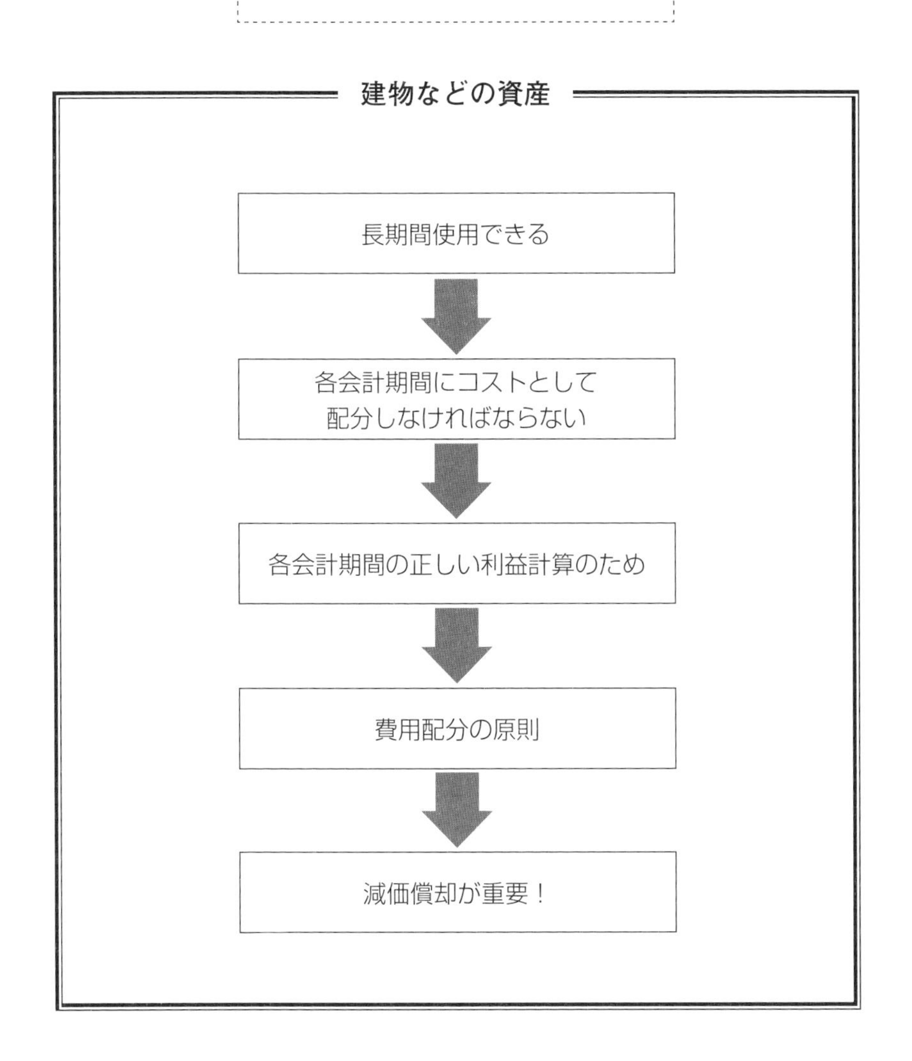

## 11 耐用年数は税法で規定された償却率を使用する

平成19年度税制改正により，残存価額１円まで償却が可能となったため，取得原価から残存価額をマイナスしてから，減価償却費を計算する必要がなくなりました。基本的には，会計における耐用年数は，企業が自由に決定してよいものですが，税務申告時の調整を省く意味で，法定耐用年数を代替的に使用している現状があります。したがって，逆基準性を考慮すると，以下のような計算式になります。蛇足ですが，取得原価には付随費用も含めます。

減価償却費＝取得原価×定額法の償却率

法定耐用数に基づいて計算される減価償却費は，税法において費用と認められる減価償却費となります。法定耐用年数は「減価償却資産の耐用年数等に関する省令」によって決められているものです。

この省令においては，法定耐用年数ごとに償却率が定められています。そのため，取得原価に償却率を掛けて，減価償却費を計算することになります。

また，税法で指定された償却率よりも大きな率を使用して減価償却費を計算した場合においては，過大な減価償却費部分は，税務申告上損金と認められず，所得と見做され課税されてしまいます。

会計学では減価償却は企業の自由裁量に委ねられていますが，税務申告において法律により決められているということです。

ちなみに，大正時代の法定耐用年数はどうであったのでしょう。右の図「固定資産耐久年数表の抜粋」を見てみますと，煉瓦造，石造，コンクリート造は100年となっています。つまり，時代が変わると制度も簡単に変わるのです。

## 減価償却資産の耐用年数等に関する省令　別表とは

| 種類 | 構造又は用途 | 細目 | 耐用年数 | 償却率<br>定額法 |
|---|---|---|---|---|
| 建物 | 鉄骨鉄筋コンクリート造又は鉄筋コンクリート造のもの | 事務所又は美術館用のもの及び下記以外のもの | 年<br>50 | 0.020 |
| | | 店舗用のもの | 39 | 0.0260 |
| | | 病院用のもの | 39 | 0.0260 |
| 建物附属設備 | 電気設備（照明設備を含む） | 蓄電池電源設備 | 6 | 0.167 |
| | | その他のもの | 15 | 0.067 |
| | 給排水又は衛生設備及びガス設備 | | 15 | 0.067 |

資料：「減価償却資産の耐用年数等に関する省令」より一部抜粋

## 固定資産耐久年数表の抜粋

| | | （昭和12年5月改正）<br>年 | （大正9年制定）<br>年 |
|---|---|---|---|
| 事務所<br>住宅用建物 | 煉瓦造，石造 | | |
| | 鉄骨又ハ鉄筋ヲ使用セル煉瓦造， | 70 | 100 |
| | 石造，コンクリート造 | 80 | |
| | 土　　造 | | |
| | 木骨煉瓦造，石造 | 50 | 50 |
| | 木骨鉄鋼コンクリート，木造 | 30 | 35<br>（木造ノミ） |

出典：木村和三郎『新版減価償却論』119頁

## 12 コストプラス法が社会問題を引き起こす

実は，建物の価格に占める躯体部分価格と附属設備価格の比率が，70：30だと社会問題が発生します。社会問題とは，すなわち「循環型社会形成」を阻害させるという問題です。

建物の躯体（RC造）に関しては100年間の使用耐用年数があることは建設業界では常識であり，100年間使用するためには，建物機能（電気設備，空調など）を約20年ごとに更新する工事が必要不可欠であることも自明のことです。

右ページにある図を参照してください。これは，建物の使用耐用年数が100年間あるため，建物の法定耐用年数50年と比較した場合，その間に建物附属設備の交換工事が何度必要であるかを示したものです。

建物（RC造の事務所）の法定耐用年数は50年と定められており，建物の使用耐用年数の半分であることがわかります。一方，空調・電気設備等の建物附属設備の耐用年数は15年から20年弱であるため，おおよそ20年ごとに建物附属設備の更新を行う必要性があります。

また，大規模修繕工事を行えば，現実の工事内容としては建物勘定に計上されている床・壁・天井なども新しくする工事（道連れ工事）が付随して発生します。理由は，建物全体の資産価値を上げるため，また工事期間の効率化を考慮すると，可能な限り工事を同時に行うことがベターであるからです。

したがって，20年ごとに床・壁・天井・トイレ・エントランスなどを時代にマッチしたものにすると，新しく物理的に加わった床・壁等は，資本的支出として貸借対照表（B／S）の建物勘定に加算されます。

一方，古い床・壁などは，B／Sから未償却残高をマイナスする一部除却という会計処理をしなければ，架空資産が発生することになります。つまり，減価償却のみで費用配分することには限界が生じることになるのです。

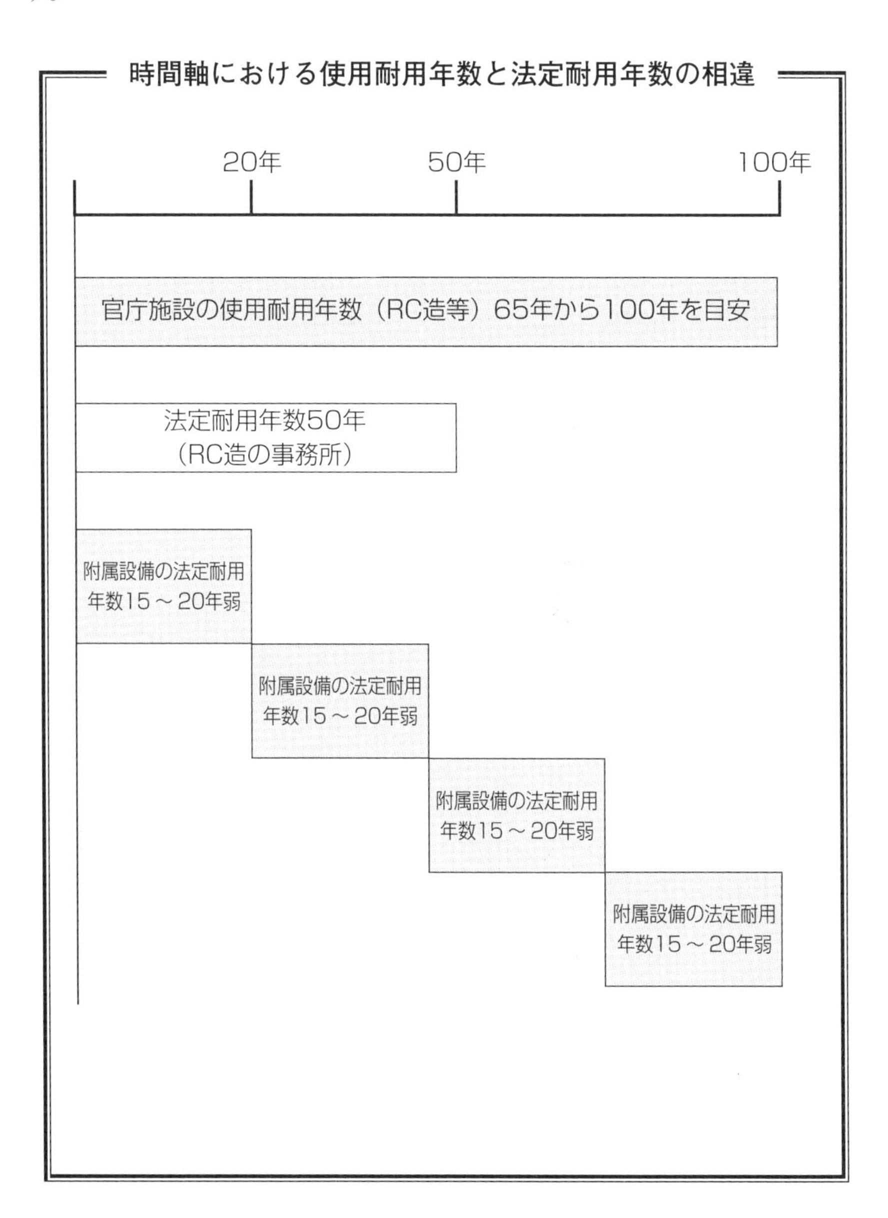

## 13 高級お寿司屋さんの利益概念が大切

接待で使わせていただいているお寿司屋さんは，最高に美味しい江戸前鮨で地方からもお客さんが来る有名なお店です。あるとき，親方とお寿司の利益について話したとき，私の建物に関しての利益感覚と全く同じで，嬉しくて熱燗を呑み過ぎた記憶があります。

以下，親方と話した内容です。

銀座の高級寿司店を構えるということは，高額な家賃がかかります。満足してもらえるサービスを提供するためには，人件費もかかります。日々の利益が変動しては，資金繰りに問題が生じるため，日々一定の利益を確保しなければなりません。築地（現在，豊洲）の仕入れは，原則現金仕入れのため，1日1日の利益を一定確保することは，重要なことです。

銀座の高級寿司店の場合，1日に2回転するお店はごく僅かです。回転率が低い高級寿司店では，仕入れたものを完売することはまれです。そのため在庫が生じます。もちろん鮮度が落ちたら提供できません。

このような難しい条件の下でも，お店を継続できる理由は，ネタの「時価」にあるそうです。お品書きにはネタの名称のみで，値段の表示はしません。つまり，日々の利益を一定に確保するために，その日その日でネタごとに，お客さんごとに利益を上手く乗せて，日々の利益を一定にするよう対応しているそうです。いくら利益を乗せるかはお店の自由です。誰からも拘束されません。

お客は価値ある食材を食べたいのです。自分が食べたい，つまり価値あるモノには，躊躇せずマネーを支払うのです。美味しいものを食べることこそ，究極の快楽の1つです。お客は，自分で価値があると思っていれば，それなりの値段となることを想定しているのです。

建設業者も発注者が建物に求める価値を確認し，その価値をダイレクトに価格に提示する必要があります。それを，杓子定規に工事原価に利益を乗せようとすると，最終的に顧客に満足を与えることができなくなってしまうのです。顧客の快楽を奪うことになります。

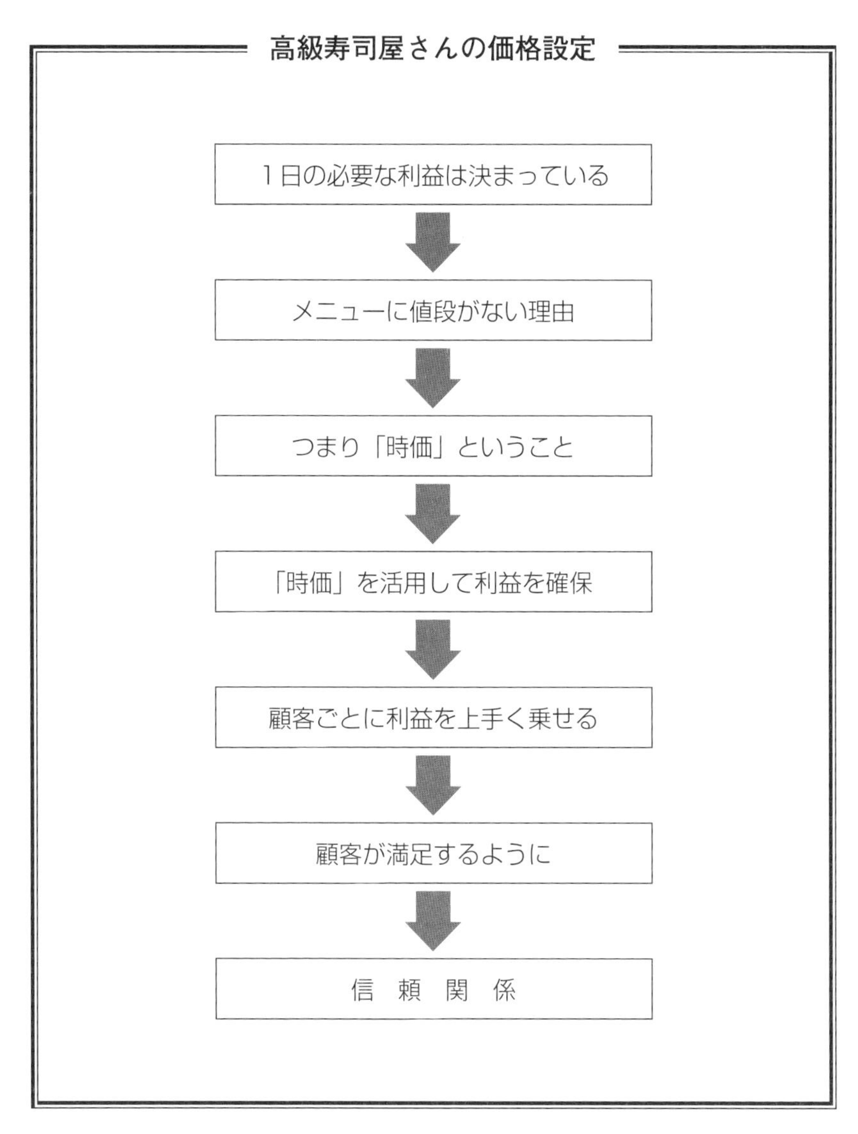

## ⑭ 建物の価格戦略でメリットを享受する人たち

本書で提示する「価格構造メソッド」を用いれば，メリットを得られる人たちがいます。それが下記の人たちです。

### ① 建設工事の発注者（顧客）

現在の建物の価格設定では建設工事の発注者（建物を活用して収益事業を行っている人たち）にとって，マイナスメリットだからです。

この不運な現象は，税金面で発生します。

### ② 建設会社

価格構造メソッドは斬新な営業スキルになります。

### ③ リフォーム業

競争の激しいリフォーム業も，独特な営業展開が可能となります。

### ④ 研究者

価格構造メソッドを使用すれば，会計理論の破綻を抑制することができます。

現在の会計処理では，大規模修繕工事に対応することが困難なため，貸借対照表に架空資産が発生することになり，減価償却理論が崩壊してしまいます。

### ⑤ 公認会計士，税理士，ファイナンシャルプランナー

建物のライフサイクルの会計処理が簡単になるため公認会計士，税理士も安心して決算書を作成できます。

また，価格構造メソッドを導入すれば，生命保険業界（ファイナンシャルプランナー）にとっても大規模修繕工事の修繕積立金を手軽に提案できます。

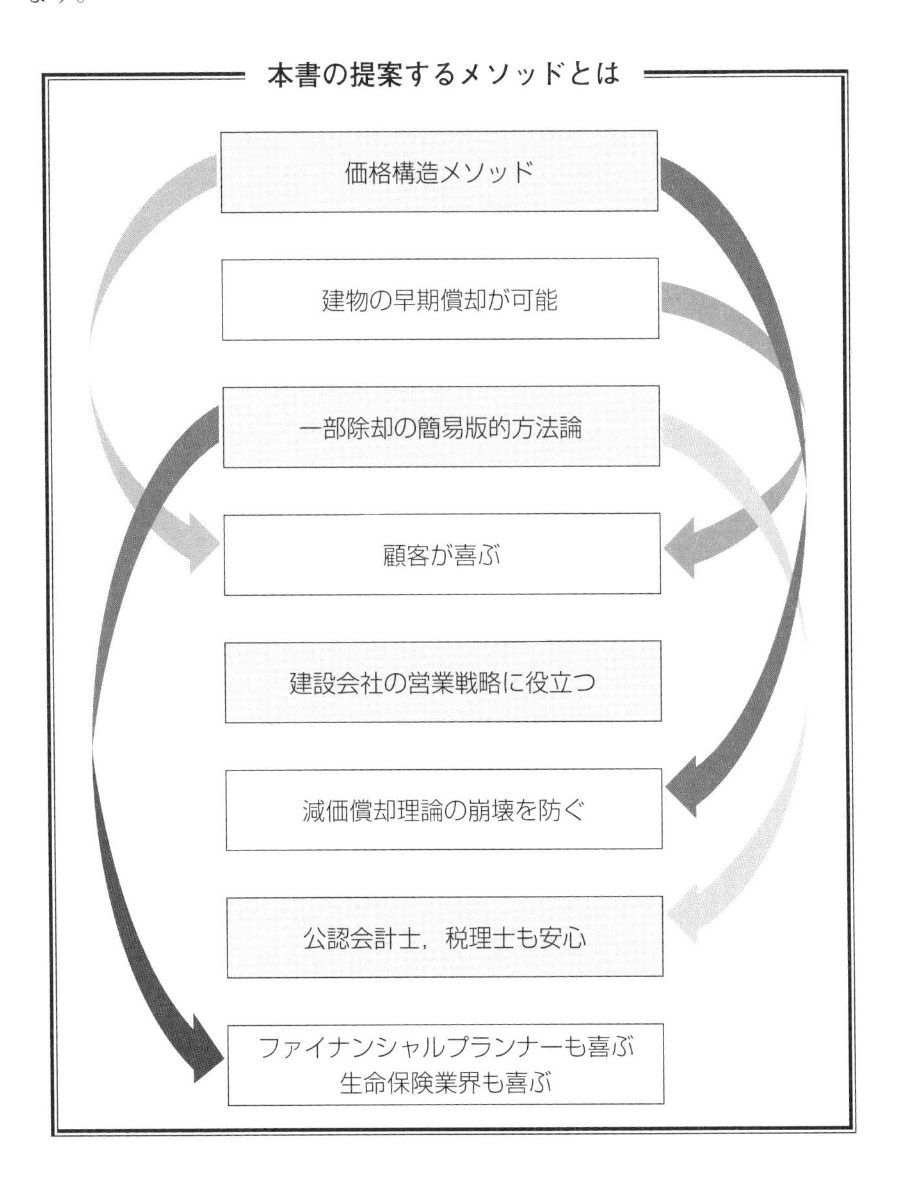

## ⑮ 建物の価格は効用価値によって決まる

価値は人それぞれ異なります。経済学の価値論としては，『国富論』を著したアダム・スミスや『資本論』を著したカール・マルクスによる，労働量によって交換価値が決められるという考え方があります。

これを労働価値説といいます。交換価値をわかりやすい言葉で言えば「価格」ということになるので労働の投入量によって，物の価格が決まるということを意味します。

一方，近代経済学における価値論は，効用価値説というもので，価値は顧客満足度で決まるというものです。顧客満足度とは，顧客が商品やサービスを購入し消費することによって生まれる充足感をいいます。顧客が満足を得られれば，その充足感は当然価格に反映されることになります。

建物を建築するにあたって，労働量をたくさん投入しても，買い手が建物に価値があると思えなければ購入しません。建物は，買い手が満足するかどうかがポイントとなります。建物の価格は，効用価値によって決定されるものといえます。

わかりやすく「効用」について論究したものが世界15か国で翻訳されたトーマス・セドラチェク著『善と悪の経済学』（東洋経済新報社，2017年）です。セドラチェク氏は，効用の定義についてコリンズ経済学辞典を持ち出し「効用：財やサービスの消費から得られる満足または快楽のこと」（318頁）と述べています。

したがって，顧客満足とは，「顧客の効用」とか「顧客の快楽」と言い換えることができます。つまり，満足とは快楽であるとも言えるのです。極論を言えば，顧客が快楽と思える価格設定が必要なのです。愉快で楽しいと顧客が思える価格設定が建物には必要なのです。

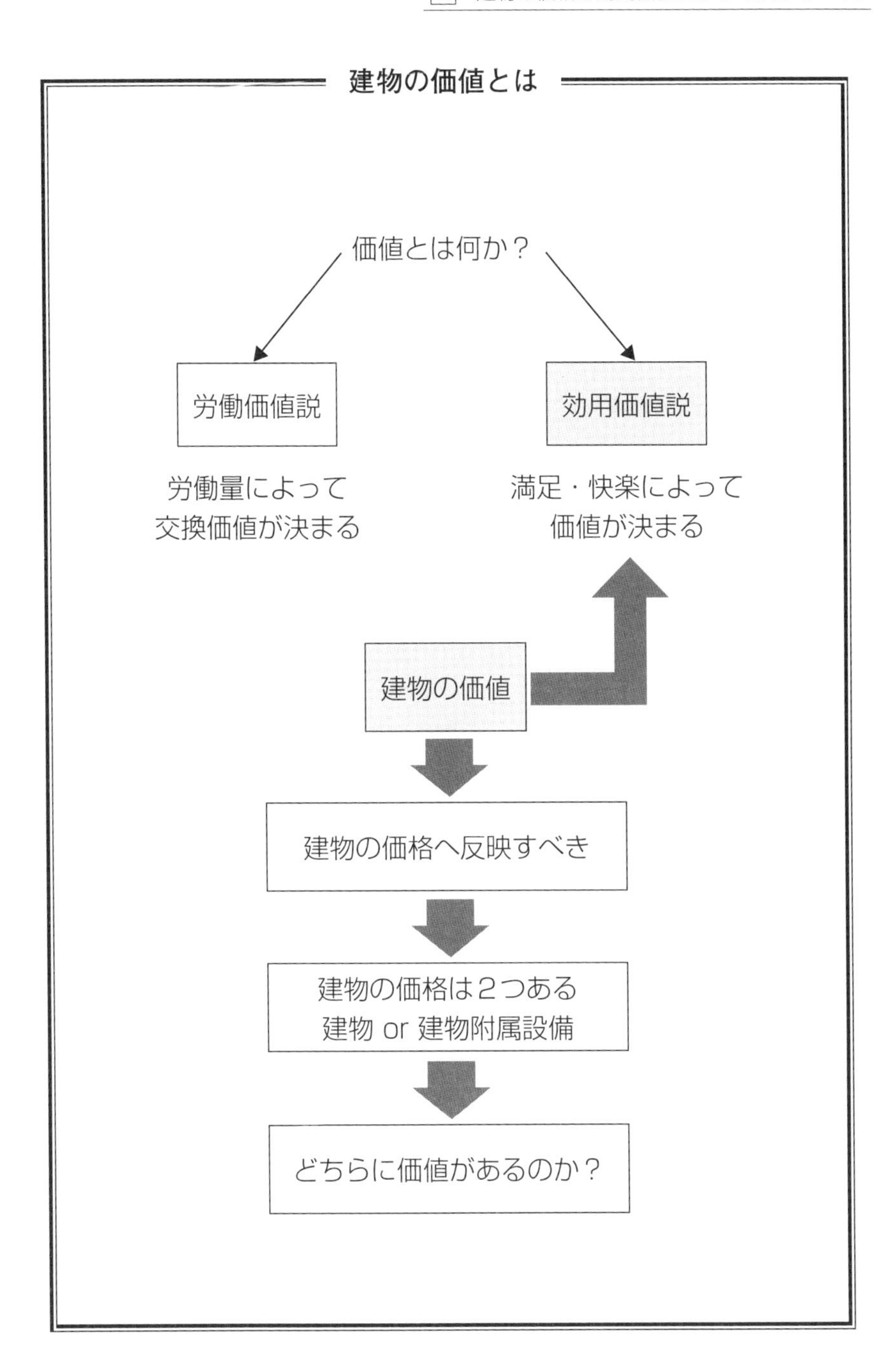
建物の価値とは
価値とは何か？
労働価値説
効用価値説
労働量によって
交換価値が決まる
満足・快楽によって
価値が決まる
建物の価値
建物の価格へ反映すべき
建物の価格は2つある
建物 or 建物附属設備
どちらに価値があるのか？

## 16 建物の価格戦略のポイントは？

### 答えは，減価償却です！

建設会社が顧客ために「建物の価格戦略」を活用するのであれば，減価償却の仕組みを知らなければなりません。減価償却は，期間損益を計算するための人間が考案した素晴らしいシステムです。近代会計学の基礎を支える重要な役割を担っています。まさに，減価償却が会計思考の大きな特徴といえます。

減価償却は，初級簿記を勉強しはじめ，しばらくすると学習するものです。したがって，さほど難しいものではありません。建設会社の方々が，この減価償却をマスターすれば，営業戦略が大きく変わるものと確信しています。まず，第１に顧客の立場で物事を考えることができます。

顧客の立場とは，詳細に言えば，顧客の建物取得後の税金問題，資金繰りの視点で物事を見ることをいいます。この顧客の視点を営業に活用できれば，他の建設会社に対して差別化ができるということです。

また，RC造などの建物のライフサイクルを考えた場合，大規模修繕工事は必要不可欠なことは，建設に携わる者にとっては常識でしょう。大規模修繕工事こそ減価償却を武器に営業戦略を立てるべきものなのです。

そのために，ここでは基礎的な減価償却とは，どのようなものか，どのように計算するのか，ポイントだけお話します。

建物の価格戦略は，これから話す減価償却のポイントを顧客の価値観に近づけることだと理解できれば，減価償却を営業戦略として活用できます。

しかしこの減価償却には，実は限界があります。減価償却に限界があるため，価格構造メソッドが必要となります。この点もマスターしておくと，営業を効果的に展開できるでしょう。

## 建物の価格戦略

会計思考

減価償却費がポイント

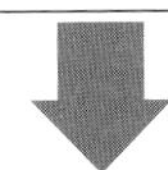

減価償却を営業の武器として活用する

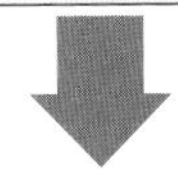

顧客の税金等対策の視点を取り入れる

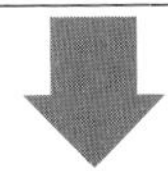

会計のプロでも知らないことがある

減価償却には限界があるということ

価格構造マネジメント理論により価格を変える！

## 17 建物は50年間で減価償却

収益事業を行っている発注者（顧客）は建設会社に支払った報酬額は，資産に計上することが義務付けられています。なぜならば，長期にわたって利用できる資産を購入したからです。

仮に1億円の建物を購入した場合，1年で全額1億円を費用化することはできません。なぜなら，建物などの有形固定資産は1年を超えて利用が可能なためです。

したがって，1年で費用化することは，会計学でも税法でも許されていません。そこで，減価償却という方法で何十年もかけて費用化していきます。

会計用語では，この費用化のことを「償却」といいます。

建物という資産は長い間使用できるため，収益に対応させて計算する必要があります。つまり，固定化された資産を減価償却費として流動化することを意味します。資産の償却期間は，税法で規定されています。

RC造の事務所ビルであれば50年間かけて，償却することになります。

簡略的に説明するため，10億円のRC造の建物の減価償却を考えてみましょう。

躯体部分が7億円，建物附属設備が3億円とします。

会計学・税法では躯体部分を建物という勘定（名称）を使用します。したがって，「躯体部分の減価償却費はいくら」という言い回しは会計・税法では使わず，「建物（勘定）の減価償却費はいくら」という言い回しを使用します。つまり，勘定という単語を省略することが多いので注意して下さい。

建物の躯体部分の減価償却費は，

7億円÷50年＝1,400万円。

つまり，1年のうちに償却できる金額は1,400万円となります。

50年間毎年1,400万円が建物の減価償却費として費用計上できるということです。

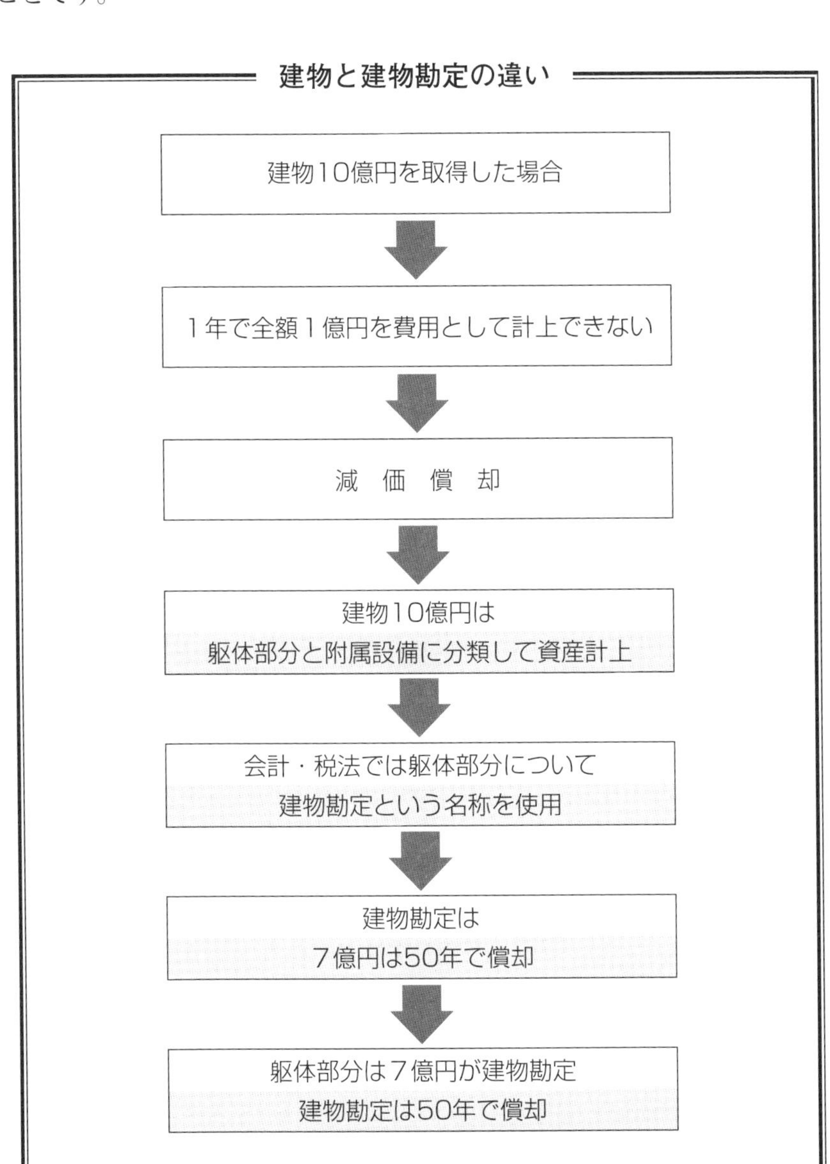

## ⑱ 建物附属設備は15年間で減価償却できる

先程，建物はRC造の事務所であれば50年間で償却するといいました。税法では，建物を建物（躯体部分）と建物附属設備という資産に分類して考えます。

50年間で償却する建物という範囲は，基礎工事，躯体，床，壁，天井などのようなものをいいます。

一方，建物附属設備とは，空調設備，電気設備，給排水・衛生設備などをいいます。これらの建物附属設備の償却期間はおおむね15年間（償却率0.067）です。つまり，建物と建物附属設備では，償却スピードが3.35倍も違うということです。

それでは，建物附属設備の減価償却費は，いくらになるのでしょうか？

計算式は，３億円×0.067（償却率）＝2,010万円になります。

15年間毎年2,010万円費用計上できるということです。

つまり，建物の価格を躯体部分価格と附属設備部分価格の分類の仕方によって，償却スピードが大きく変化するわけです。資産計上の分類の仕方がポイントとなるのです。

そうであるなら，建物（躯体部分価格）と建物附属設備の価格は，なぜ７億円と３億円なのでしょうか？　この価格が変わると，減価償却費の額も変わり，償却スピードが大きく変わるのではないでしょうか？

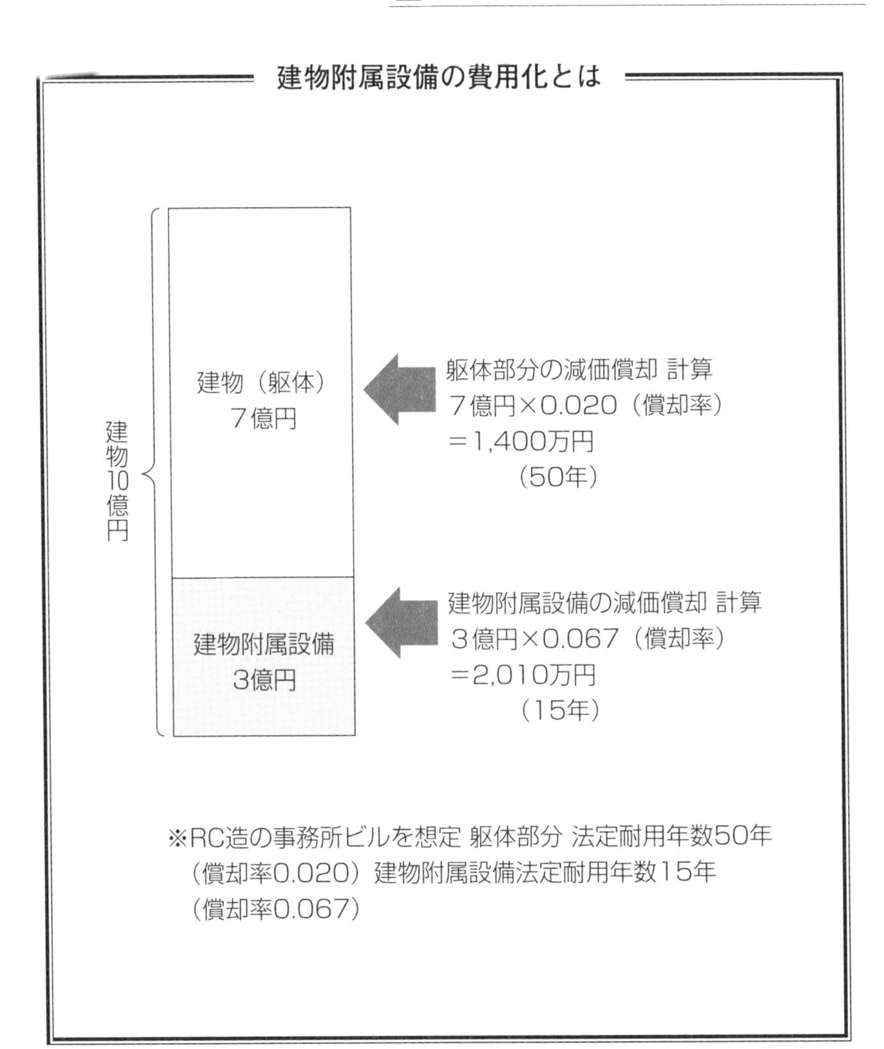
建物附属設備の費用化とは
建物10億円
建物（躯体）
7億円
躯体部分の減価償却 計算
7億円×0.020（償却率）
＝1,400万円
（50年）
建物附属設備
3億円
建物附属設備の減価償却 計算
3億円×0.067（償却率）
＝2,010万円
（15年）
※RC造の事務所ビルを想定 躯体部分 法定耐用年数50年
（償却率0.020）建物附属設備法定耐用年数15年
（償却率0.067）

## ⑲ 価格構造メソッド

顧客の視点で，減価償却を考えた場合，中小企業などの場合は，早期に償却できれば，こんなに有り難いことはないのではないでしょうか？ 償却期間は長い方が良いという企業もいるでしょう。重要な点は，顧客の要望に応じることです。

基本的に建築の視点でみると，建物（躯体部分）価格と建物附属設備価格の比率は，おおよそ70：30となります。

70：30になる根本原因は，価格設定をコストプラス法で行っているためです。

これを本書では，現時点の70：30の比率を自由に変更できるようにすべきであるという命題のもとに論を展開しています。

60：40，50：50，40：60……，自由に比率変更しなければ，SDGsが目指す世界の持続可能な開発目標である循環型社会形成ができない，また，財務会計の虚偽記載問題を解決できない，さらに建物を所有して収益事業を展開している法人・個人の税金問題を解決できないためです。単なる早期償却の促進ではないのです。わが国の根幹的問題の解決のために，価格構造メソッドは生まれたのです。

この価格構造メソッドは，顧客の価値観を基盤に構築されています。建物は，基本的に顧客が建設会社に注文して作られるものです。顧客の価値観に基づいた建物が作られるわけですから，当然に顧客の価値観が価格に反映されなければなりません。

しかし，現実は顧客の価値観は関係のない価格構成（70：30）になっています。この理由は，建物は，１つの商品でありながら，「躯体部分」と「附属設備部分」という２つの商品が内在しており，内在する２つの商品についてそれぞれ価格設定を行う必要があるからです。

現在の顧客の価値観は，建物の総額にのみ反映させれば良いという認識になっているのではないでしょうか？

すなわち，総額で高いのか安いのかが顧客の価値観を表す指標となっています。この考えから脱却しなければなりません。

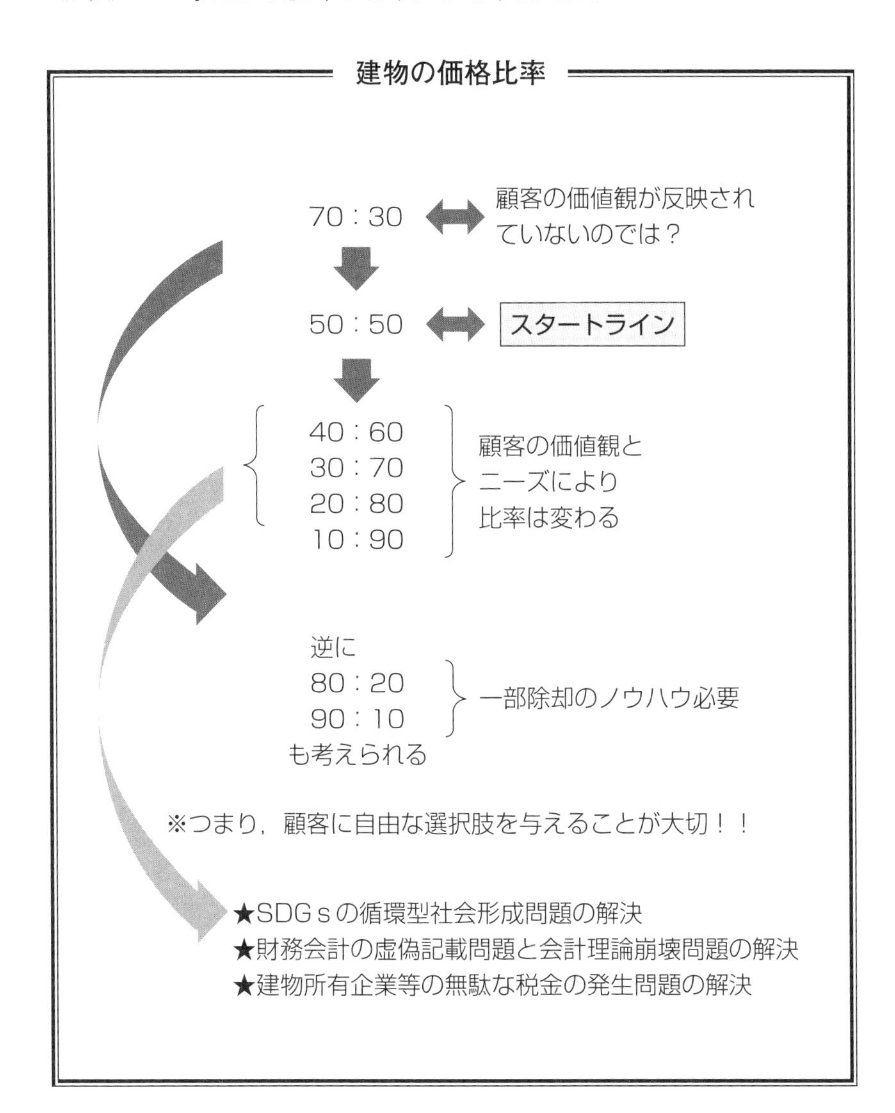

## 20 価格構造メソッドにより取得原価が変わる

会計理論の中でも減価償却は，近代会計学の根幹を成すものです。ましてや減価償却の対象として建物は最も高額資産であるため，会計理論において建物は適正に処理されなければならないものなのです。

会計理論において建物を適正に処理するためには，建物の価格構造比率は70：30から50：50など建物附属設備に価値をおく価格構造比率にする必要性があります。理由は，近代会計学の柱である減価償却理論が崩壊することになるからです。

会計学では，不思議なことに建物に関して大規模修繕工事を想定していません。現実的には，大規模修繕工事が行われているのですが，これを処理する会計理論が欠如しているのです。このため適正な会計処理が実施することができていません。したがって，貸借対照表の建物勘定に架空資産が発生するのです。架空資産は，粉飾決算を意味します。

会計学は，至上命題として粉飾決算を排除しなければなりません。建物の価格構造比率が70：30であるということは，建物の法定耐用年数が建物附属設備の耐用年数より３倍超長いため，建物勘定において一部除却が適正処理されなければ，架空資産が発生してしまうのです。建物附属設備の比率が高ければ，おおよそ15年で償却されてしまい，大規模修繕工事においては，新しい設備と交換されることになるので，架空資産化することはありません。したがって，建物の価格構造比率を50：50以上にすることが必要不可欠なのです。

建物の価格構造比率が70：30を引き起こしているのは，コストプラス法という中世時代の価格設定方式です。このコストプラス法から脱却しなければなりません。建物の買い手にメリットのある価格設定法，つまり価格構造メソッドを取り入れる必要があります。この考え方を展開するのが，本書の使命です。

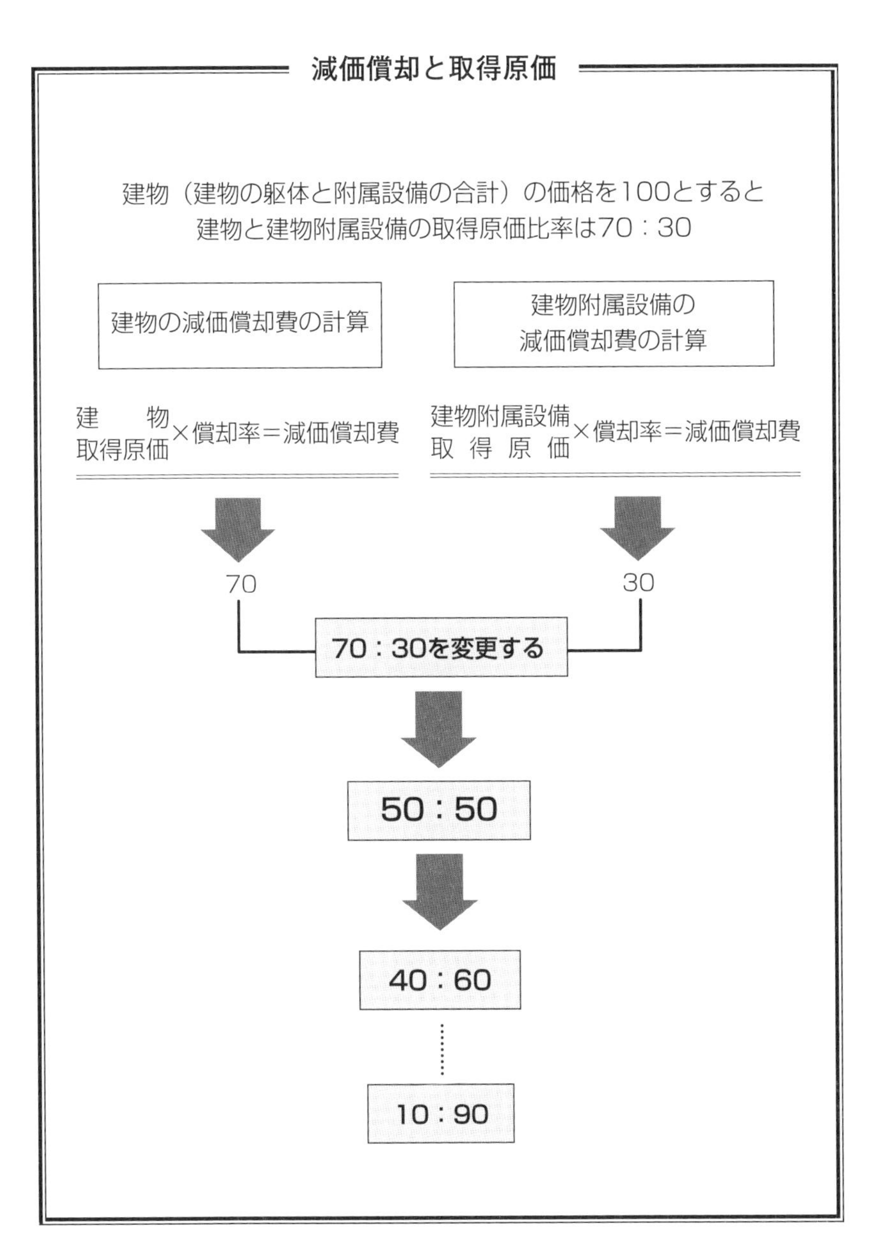
減価償却と取得原価
建物（建物の躯体と附属設備の合計）の価格を100とすると
建物と建物附属設備の取得原価比率は70：30
建物の減価償却費の計算
建物附属設備の
減価償却費の計算
建　物
取得原価×償却率＝減価償却費
建物附属設備
取得原価×償却率＝減価償却費
70
30
70：30を変更する
50：50
40：60
10：90

## 21 建物価格戦略を担保するさまざまな理論

### 答えは，マーケティング理論，ISO26000定義，CSR，SDGsの理念です。

建物の価格戦略とは，建物の価格構造を変更することです。なぜこのようなことが可能なのか，つまり建物の価格戦略を支える理論は，どのようなものか，この点について見ていきたいと思います。

担保理論については，３つに分類して考察します。

第１にマーケット理論，第２に国内基準，第３に世界基準というものです。

マーケット理論は，学術的なマーケット理論をベースにしたものです。

国内基準は，固定資産税評価額を基にした理論で，わが国の行政法をベースにした考え方です。したがって，憲法との絡みも生じます。

世界基準とは，世界共通の標準認識を基準にしたものです。すなわちISO（国際標準化機構）の規格といえます。

なぜならば，CSR（企業の社会的責任）も，元はISO26000にて定義された「社会的責任」であるからです。

さらに，CSV（Creating Shared Value，共通価値の創造），SDGs「Sustainable Development Goals（持続可能な開発目標）」の考え方も，本書の提示する「建物の価格戦略」をフォローする理論であることを明白にして，担保理論とします。

分類した理由は，建物の償却問題は，わが国の税収とダイレクトに関わるナイーブな問題なため，安易な節税方法という見方を回避したいからです。実は，建物の価格戦略を活用しなければ，わが国の会計制度は危機に瀕することになり得ます。同時に，価格構造メソッドを活用しなければ，企業は大規模修繕工事をしなくなり，循環型社会形成に歯止めが掛かってしまうのです。

だからこそ，世界の基準を明確にし，それぞれの理論の特筆を比較することによって，担保理論の担保たるゆえんを明白にするため分類したのです。

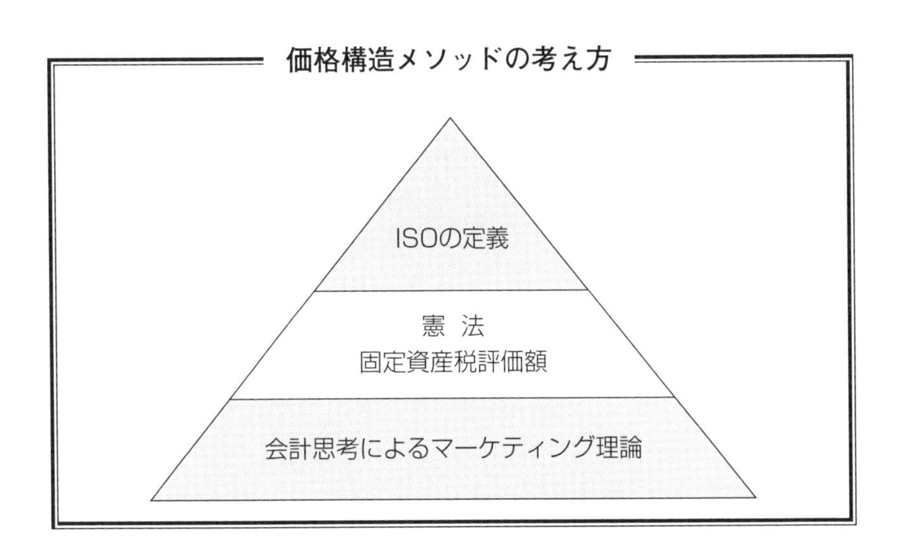


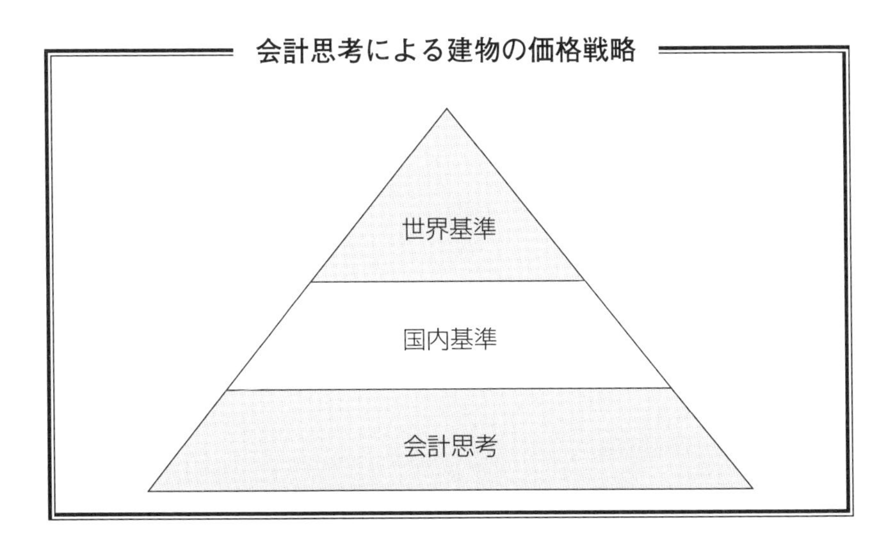

## 22 価格構造メソッドにおける正当性の検証(1)

ここでは，価格構造メソッドの正当性の検証のステップとして，建物を「市場価格」と「正常価格」の視点で見ることにします。

固定資産税評価額は「適正な時価」（地方税法341条5号）として一般的に認められているものです。

相続税の申告の際にも，建物評価額を求めるときには，固定資産税評価額を用いても何ら問題はないのです。つまり，税務署という時価に敏感なところでも認められているのが固定資産税評価額ということになります。

裁判においても固定資産税評価額が「適正な時価」であることは判例（最高裁判所平成15年7月18日，判例時報1839号96頁）を見れば明らかです。

実は，この「適正な時価」とは，「正常価格」を意味しています。「正常な価格」とはいかなる価格を言うのでしょうか？

（財）資産評価システム研究センター『固定資産評価基準に関する調査研究―実務面からの解説―（平成18年3月）』を見ると，「固定資産税の課税標準は「適正な時価」であり，評価によって求められるべきは「正常価格」である。正常価格とは，……家屋は再建築価格を基準として評価するものとされている。」としています。

この文章の裏には，市場の取引価格には建設会社のそれぞれの事情による利益額が付加されているため，家屋についての正常価格は再建築価格を用いて算出する，つまり建設会社の利益額を排除した価格という意味です。

建設会社が作成する建設工事の請負契約書に記載される金額は市場価格です。一方，固定資産税評価額とは建築物等に対して，市町村が固定資産税を算定するための価格です。

正常価格である固定資産税評価額は，市場価格より通常3割から4割低く設定されています。つまり，「市場価格－正常価格＝建設会社の利益」という考え方ができるのではないでしょうか？

裁判所も税務署も固定資産税評価額を正常価格と認識しているのであれば，市場価格と正常価格との差額３割（建設会社の利益）は，発注者としては，ただちに費用化したいものです。

しかしながら，現状の会計学や税法の減価償却の考え方では，ただちに費用化することは困難です。したがって，すみやかに費用化する方法を考案する必要性があります。それが価格構造メソッドです。

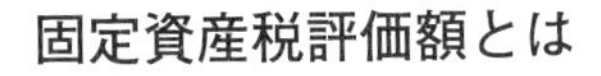


適正な時価
（地方税法341条5号）
とは何か

| 正　常　価　格 |
|---|

再建築価格方式
によって計算する

## 23 価格構造メソッドにおける正当性の検証(2)

次に価格構造メソッドの正当性の検証のステップとして，建物の「再建築価格方式」と「建設会社の利益」の視点で見ていきましょう。

家屋の固定資産税評価基準は，再建築価格方式が採用されています。この方式以外にも，取得価格を基準として評価する方法，賃貸料等の収益を基準として評価する方法など考えられますが，再建築価格方式は昭和26年度から継続して使用されています。

なぜ長い間採用されているのでしょうか？　昭和36年３月の固定資産評価制度調査会の答申によると，再建築価格方式以外の方法は，家屋取得の際の個別的事情による偏差やはなはだしい格差が生じるので，再建築価格方式が適当であると述べています。判例でも再建築価格方式が適正な時価であると判示しています（京都地裁昭和50年12月12日）。

それでは，ここでいう「家屋取得の際の個別的事情による偏差やはなはだしい格差」とはいかなるものなのでしょう。再建築価格方式であれば，「家屋取得の際の個別的事情による偏差やはなはだしい格差」が生じないとしているので，ここがポイントとなります。

再建築価格方式のポイントとなる点は，この方式を支えている再建築費評点基準表が純工事費レベルの経費を基準に作成されているところです。「一般の請負工事おいて建築費に含まれている利潤，営業費等の一般管理費等負担金額及び現場管理費等の現場経費などは含まれていません。」[2]，つまり，建設業者の利益が各社異なるため，恣意的な利益を除外したものが，固定資産税評価額ということになります。

したがって，建設工事請負契約書の市場価格と再建築価格方式によって

2　固定資産税評価額Q＆A　64頁

算出された建物の固定資産税評価額には3割から4割もの開きが発生するのです。つまり，市場価格と固定資産税評価額との差額が，建設会社の利益と考えることが可能となります。

**再建築価格方式**

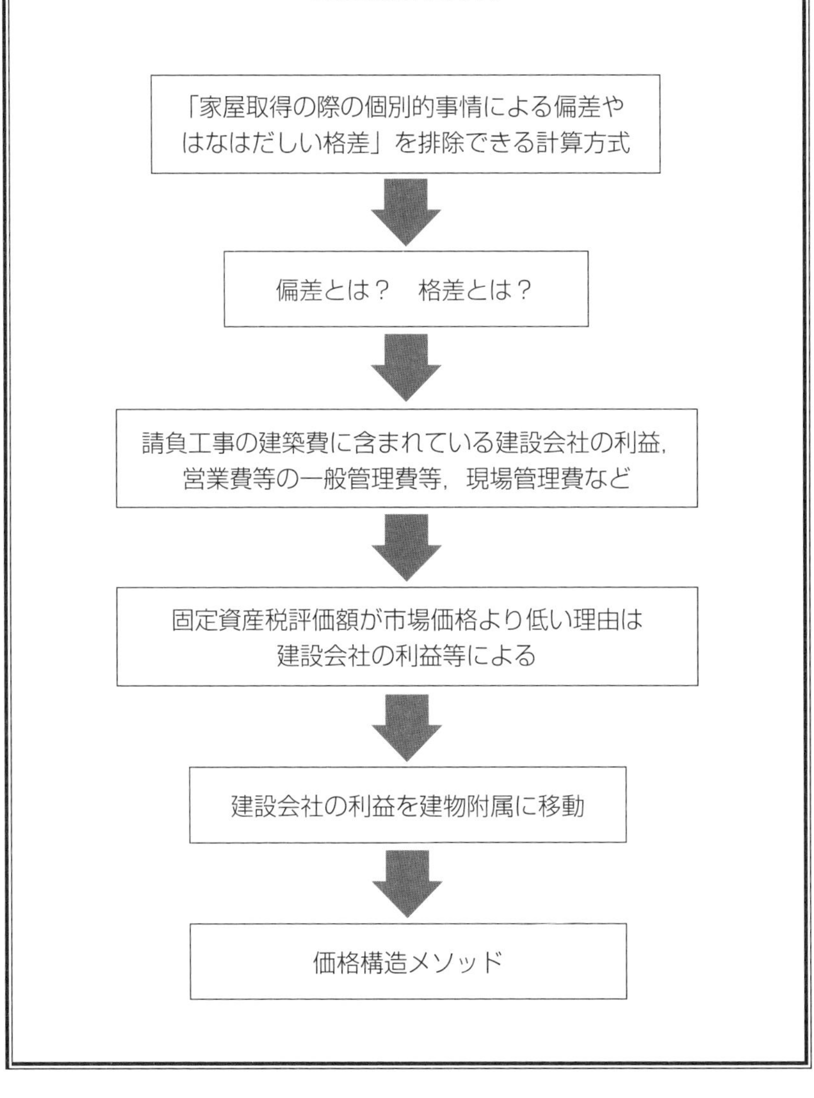

「家屋取得の際の個別的事情による偏差やはなはだしい格差」を排除できる計算方式

↓

偏差とは？　格差とは？

↓

請負工事の建築費に含まれている建設会社の利益，営業費等の一般管理費等，現場管理費など

↓

固定資産税評価額が市場価格より低い理由は建設会社の利益等による

↓

建設会社の利益を建物附属に移動

↓

価格構造メソッド

## 24 価格構造メソッドにおける正当性の検証(3)

次に価格構造メソッドの正当性の総括的検証を「市場価格－正常価格＝建設会社の利益」という考え方を基に行います。

上記のように考えると，この利益分は建設会社が自由に設定することができるということです。すなわち，建物の躯体の原価の部分に利益を上乗せすることもでき，また建物の附属設備の部分に利益を上乗せすることもできるということです。もちろん両方の原価に利益を配分することも可能です。つまり，建設会社は自由に利益の配賦ができるということです。

３割から４割が建設会社の利益であるならば，躯体部分と附属設備部分の価格構造比率を70：30から50：50にすることは，さほど難しい問題ではありません。躯体部分に上乗せしていた利益を附属設備部分の利益にシフトすれば簡単にできます。

建物に関して国側が建設会社の主な利益は市場価格マイナス正常価格分であると証明してくれています。この利益をどの部分の原価に付加すべきかは，建設業者の自由裁量の範疇にあります。

したがって，価格構造メソッドとは，躯体部分と附属設備部分の価格構造比率を自由に，建築会社が利益の乗せ方を調整し，市場価格が記載された建築工事請負契約書を作成することを意味します。また，価格構造メソッドを知らない建設会社に対しては，附属設備部分に価値を置く価格設定方法を広めることも含まれます。

建設会社にとっては，躯体部分と附属設備部分の価格構造比率を70：30から50：50に変更したからといって，利益の額は変わりません。利益の額が変わらず，同時に顧客が喜んでくれるのですから，ただちに営業スキルとして活用すべきものです。

躯体部分と附属設備部分の価格構造比率が70：30から50：50になるよう

建設会社の利益を附属設備部分の原価に付加することにより，移動した利益は，早期に償却することができるのです。

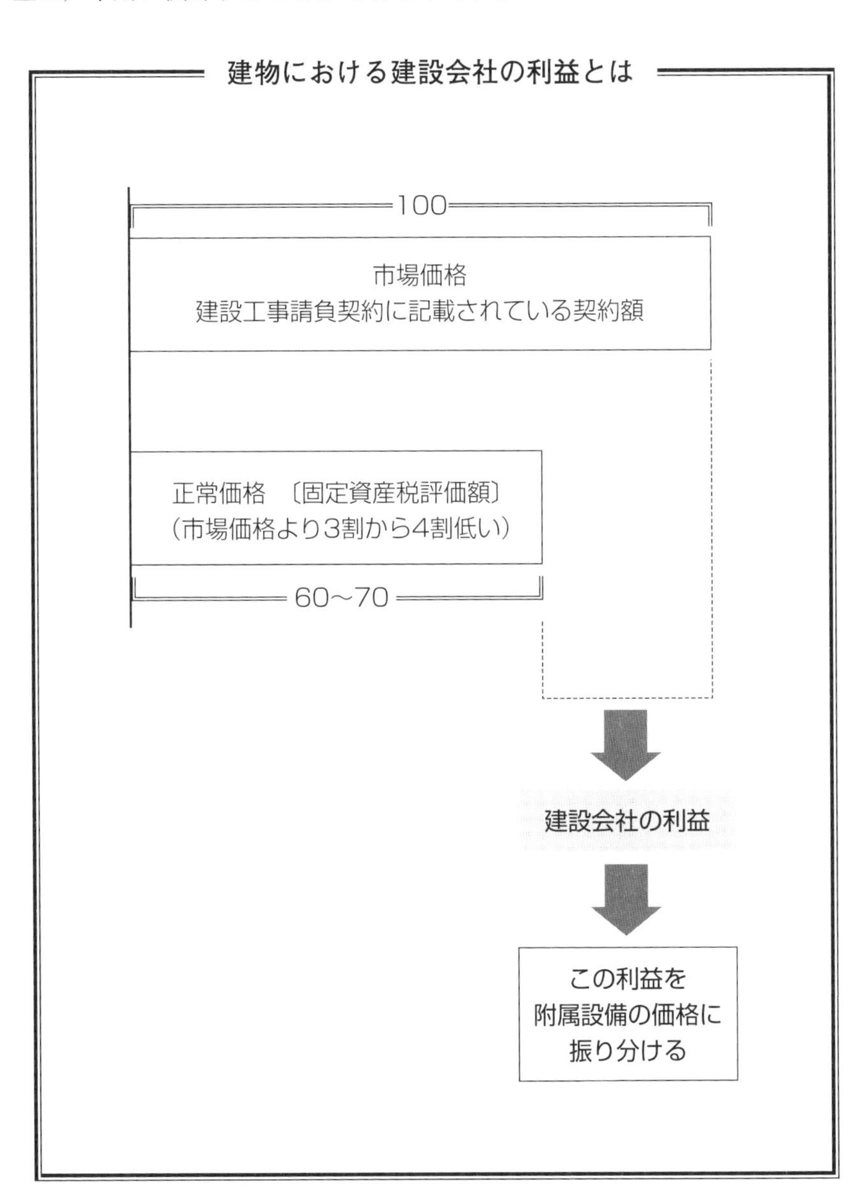

## 25 建物の価格構造メソッドとは

価格構造メソッドとは，躯体部分と附属設備部分の価格構造比率を70：30から50：50になるよう，顧客の想いを汲み取ることからスタートします。

顧客の想いとは価値観です。この顧客の価値観を建設会社は価格に反映させることが重要なのです。

つまり，顧客が要望する価値観を価格に表現することこそ，価格構造メソッドなのです。そのため利益の乗せ方を検討する必要があります。

日本には価格という言葉の他に「値段」という言葉があります。また，日本には価値という言葉の他に「値打ち」という言葉があります。値段が安くても値打ちがなければ，購入することはないのです。

ハーマン・サイモン氏は『価格の掟』の中で，ラテン語で価格は「Pretium」といい，この言葉には，価格と価値の両方の意味があるといっています。つまり，本来，価格と価値は同じものであるといえます。このことを踏まえ，サイモン氏は，価格とは「顧客価値」と述べています。そして「顧客が支払意欲を持つ価格，つまり，企業にとって達成可能な価格は常に顧客の目に映った製品やサービスの知覚価値を表しているのだ。顧客がもっと高い価値だと知覚すれば，支払意欲も増大する。同じくその逆になることもあり，顧客が競合品と比べて価値が低いと知覚すれば，支払意欲は減退する。」（前掲書，20頁）と明記しています。なんと明確なわかりやすい説明でしょう。

顧客にとって価値があると思える価格設定をする必要があるのです。建物において，顧客にとって価値があると思える価格設定とは，すなわち，建物と建物附属設備の価格構造比率を70：30からの脱却であり，スタートラインとして50：50になる価格設定からはじめることです。

**現状の建物の価格割合**

| 70<br>建物（躯体）の価格 | 30<br>建物附属設備の価格 |
|---|---|

100
建物の価格

**価格構造メソッドによる新しい建物の価格割合**

| 50<br>建物（躯体）の価格 | 50<br>建物附属設備の価格 |
|---|---|

100
建物の価格

## 26 マーケティング定義と建物の価格

会計学は，企業の経営成績における利益計算だけではなく，利益の基になる製品や商品またはサービスの原価に対していくら利益を乗せるべきかという価格決定理論についても，重要な役割を担ってきました。特に製造業における原価計算において，価格計算は重要な目的の１つといえます。

この点については，原価計算基準を見れば明らかですが，原価計算基準においてうたわれている価格計算の目的は，戦時統制における価格計算であり，価格統制のための価格計算であることを認識しておく必要があります。すなわち，この戦時統制の価格計算の歴史の延長線上にコストプラス法が現在も使用され続けている原因と考えられるのです。

それでは戦争を除外して，市場を中心にした価格決定や価格設定を研究する学問は何かと言えば，経営学のマーケティング論という分野になります。まず，マーケティングの定義を確認してみます。

マーケティングの定義も時代とともに変化してきました。米国マーケティング協会によれば，

「マーケティングは，顧客，依頼人，パートナー，社会全体にとって価値ある提供物を創造し，伝達し，提供し，交換するための活動，一連の制度およびプロセスである。」[3]となります。

この定義から価格設定に関しては，マーケティング理論の一部であることが理解できます。このため，マーケティングの専門書には，必ずプライス（価格）について言及しています。しかしながら，このような専門書を拝見しても，建物の価格について論じている書物は皆無です。

3　草野素雄『入門 マーケティング論（第５版）』八千代出版，2017年，７頁

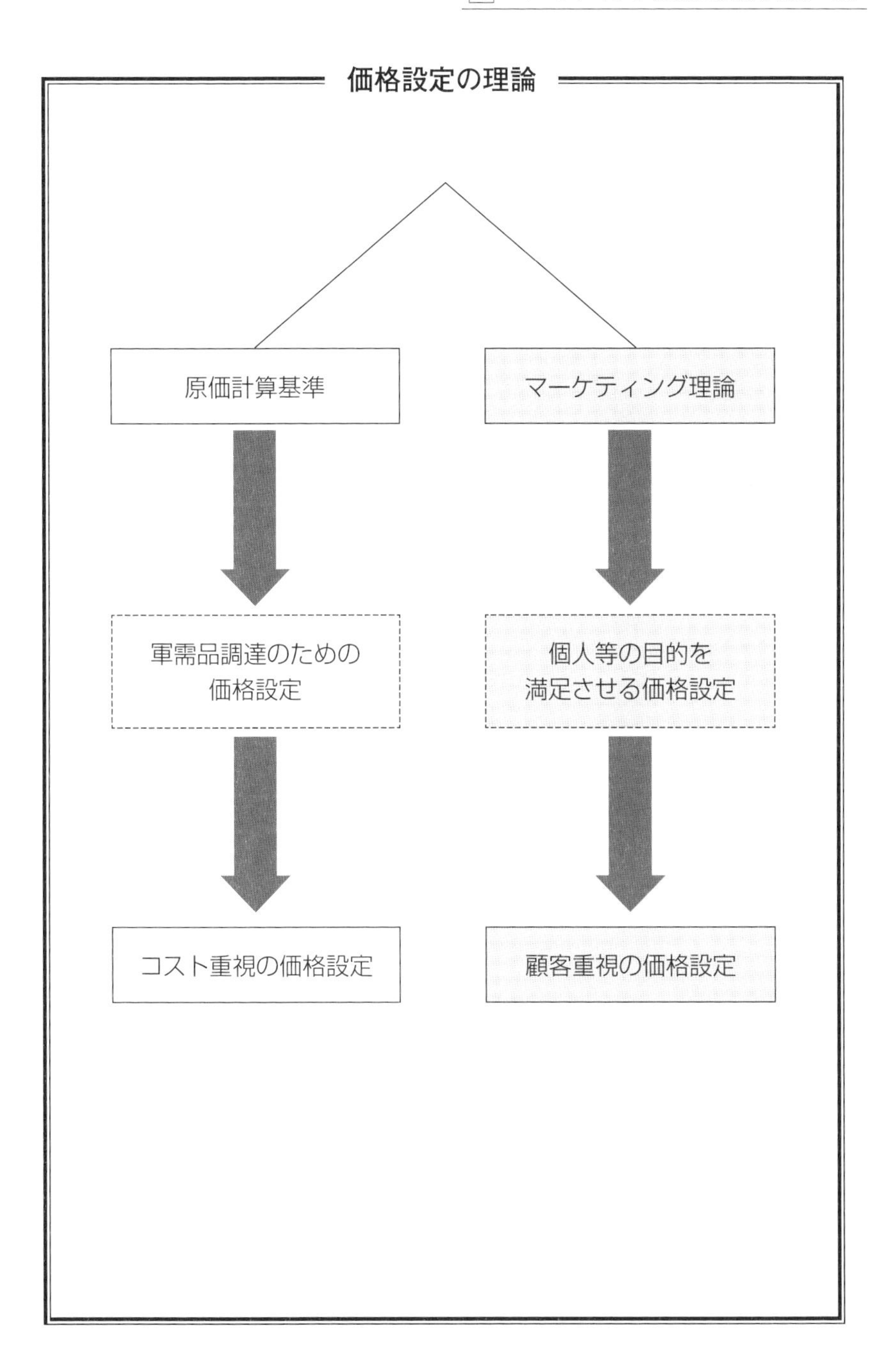
価格設定の理論
原価計算基準
マーケティング理論
軍需品調達のための
価格設定
個人等の目的を
満足させる価格設定
コスト重視の価格設定
顧客重視の価格設定

## 27 価格設定の規制

なぜわが国では，価格設定は企業が自由に決めることが可能なのでしょうか？

法律家によれば，憲法22条１項「何人も，公共の福祉に反しない限り，居住，移転及び職業選択の自由を有する。」により営業の自由権が定められているからとの見解があります。

実は価格設定に関しては一部「独占禁止法」という法律で規制されているのです。

①私的独占の禁止，②不当な取引制限（入札談合等）禁止，③不当高価購入，④再販売価格の拘束などを禁止しています。上記４点について，どのようなことを意味しているのか，確認します。

① 私的独占の禁止では，事業者が不当な低価格販売，差別価格による販売などの手段を用いることを禁止しています。

② 不当な取引制限（入札談合等）禁止では，国などの公共工事等に関する入札の際，入札に参加する事業者たちが事前に相談して，受注事業者や受注金額を決める「入札談合」も禁止されています。入札談合は税金の無駄使いにつながります。

③ 不当高価購入とは，競争相手を妨害するため，競争相手が必要としている物品を，市場価格を著しく上回る価格で購入することです。

④ 再販売価格の拘束とは，小売業者等に対して価格を指定して販売することを強要することです。仮に背いたら出荷を停止するなどして，強制します。

上記４点を見ると，公正かつ自由な競争を阻害する価格設定には，歯止めを掛ける必要性もあるのでしょう。独占禁止法も行政法の１つです。法人税法や相続税法も行政法です。価格構造メソッドは，償却問題が絡みます。その際に，価格構造メソッドで通常時に過度な比率を用いた場合，通達行政で圧力をかけてくる可能性があるので，このような憲法論を敷いているのです。

独占禁止法はある意味恐ろしい法律でもあります。地方銀行の実例で見ると理解できます。

日本記者クラブの定例勉強会で帝京大学名誉教授の佐貫利雄教授は，公正取引委員会の独占禁止法の適用について以下のように述べていました。「2016年11月に十八銀行の副頭取が，ふくおかフィナンシャルグループとの経営統合の問題で，自殺した。原因は公正取引委員会が，地方銀行が抱える財務状況や地方の実状も分析せずに，独占禁止法を振りかざし邪魔したからである。」

地方銀行は，法律上では都市銀行と同様に普通銀行という扱いになっています。また海外展開はもとより全国展開はできず，営業範囲は本店所在地の都道府県とその近隣都道府県に限定されています。したがって，地域のトップである地方銀行が地域内の地方銀行と合併し，シェア拡大を望むことは，独占禁止法に抵触することになるのです。

独占禁止法は，一方的な判断で，商利商略で法を振りかざすことができ，多くの人を傷つけ，人を破滅させてしまう恐れがあるため，適用は慎重に行う必要があるのです。それ故，佐貫名誉教授は先のような発言をされたのです。2020年３月に地方銀行の経営統合等について独禁法の適用除外とする特例法案が閣議決定されました。

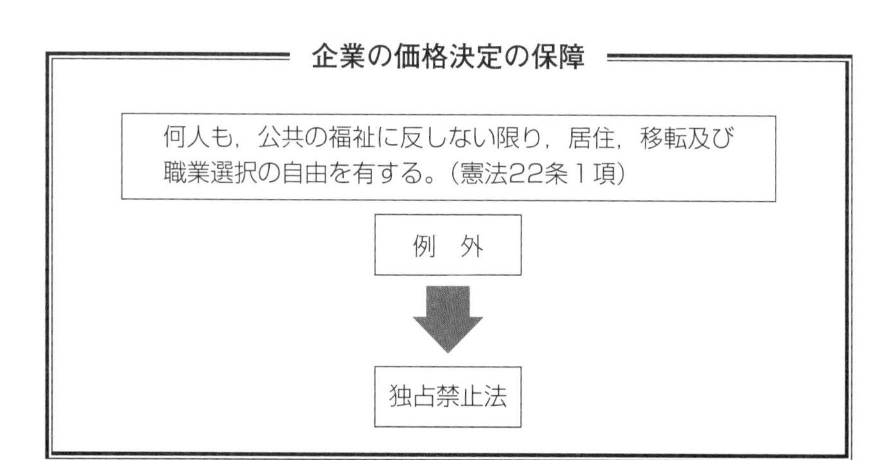

## 28 価格設定の原則とは

価格設定の原則とは，あるのでしょうか？

実はあるのです。ピーター・ドイル著，恩藏直人監訳『価値ベースのマーケティング戦略論』（東洋経済新報社，2004年）では，効果的な価格設定には4つの重要な原則があるといっています。4つのうち第1番目に「製造コストではなく，製品が顧客に提供する価値に基づいて価格設定を行う」ことを挙げています。価格設定に重要なものは，顧客が価値があると思っているものにふさわしい価格を設定することであると言っているわけです。

また，セブンイレブンを優良企業に育て上げたセブン&アイ・ホールディングス元代表取締役会長・CEO鈴木敏文氏の『朝礼暮改の発想』（新潮社，2008年）でも，価値と価格の関係について言及している箇所があります。

すなわち「多少値が高くても，顧客に価値があると感じてもらえれば喜んで買ってもらえる。価格に関する問題は「これだけの価値があるならば，これくらいの価格は適正だろう」と納得してもらえるような設定がされているかどうか，つまり，「フェアプライス（適正な価格）」であるかどうかが重要なのです。」と明記されています。価値を決めるのは顧客ということです。顧客に価値を感じてもらう価格設定が重要であることを指摘しています。

建設工事の発注者が建物附属設備の価値ある建物を建ててほしいと言えば，価値ある建物附属設備の価格設定をすることが，建設会社には求められるのです。

しかし，現在の建設会社は，500年以上も前の中世の価格設定方式（コストプラス法）を使用しています。また，前掲書では，顧客は製造原価に興味がない点を強烈な言葉で記述しています。すなわち「供給業者が製品を製造するためにいくら費やしているかなど，顧客にとってはどうでもいいことである」と断言しています。顧客にとって，価値あるものが，価格に表現されることが大切なのです。

製造原価が
いくらかであるかは関係ない

顧客が納得できる
価値があれば高くても購入する

つまり，顧客満足度を
刺激できる価値があるかどうかがポイント

顧客は建物の価格に満足しているのか？

500年以上も昔の価格設定で
顧客は満足するであろうか？

## 29 価格設定の方法論

マーケティング理論によると価格設定は，３つに分類できます。①コストを基礎にした価格設定法，②需要を基礎にした価格設定法，③競争を基礎にした価格設定法です。

それぞれの価格設定法の特質を見ていきましょう。

①コストを基礎にした価格設定法は，原価に利益を上積みして販売価格を設定するものです。この原価とは，製造原価に営業費と一般管理費を含めたフルコストのことをいいます。本書で問題視しているコストプラス法は，コストを基礎にした価格設定法の範疇のものです。

②需要を基礎にした価格設定法は，消費者が商品等から受ける利益感覚に対してどのぐらいの価値を置くかを基準に価格設定するものです。高級ブランド戦略が良い例です。また，スーパーなどの目玉商品戦略もその１つです。

③競争を基礎にした価格設定法は，市場における競合他社の価格を基準に価格設定するものです。既存のマーケットに新たに参入する際に，製品の品質の独自性や斬新なデザイン性を発揮できない場合には，価格引下げ競争を行うことになります。また，大量生産の製品の場合には，マーケット占有率を高めるために，将来の価格引下げを先取りして低価格販売の戦略もこの価格設定法の範疇に入ります。草野素雄氏の『入門　マーケティング論』（八千代出版，2017年）によれば，入札価格設定法もこの価格設定法の範疇に入るとの指摘があります。

入札価格設定法は「コストや需要ではなく，競争企業が提示すると想定される価格を基準にして，企業が自らの価格を設定し，書面で価格を提示する方法です。入札する企業が契約を獲得するために，ただいたずらに競合他社よりも低い価格を提示するのではなく，「予想利益」という考え方を用いて入札価格を設定するのです。」とあります。

民間における建設工事の価格設定には，「予想利益」という概念がないため積算というデータに左右されないことが，マーケティング理論から理解できます。

**マーケティング理論の価格設定法**

①コストを基礎にした価格設定法
例：コストプラス法

②需要を基礎にした価格設定法
例：高級ブランド戦略

③競争を基礎にした価格設定法
例：価格引下げ
〔大量生産〕

現在の建物価格設定は

コストプラス法

## 30 不当な取引制限（入札談合等）禁止と積算

建物の価格の算定で使用される積算は，実は不当な取引制限（入札談合等）禁止という独占禁止法の調査と大きく関わっています。独占禁止法では，入札談合を禁止しています。理由は，国などの公共工事等に関する入札の際，入札に参加する事業者たちが事前に相談して，受注事業者や受注金額を決めると，工事費のつり上げになり，税金の無駄使いにつながるからです。

税金を有効的に使用するためには，適正な工事費でしっかりした工事を実施してもらわなければなりません。適正な工事費としっかりした工事を行うにあたり，適正な資材等の数量が合致しているかを調査する必要があるのです。

公共建設工事の際には，「予定価格を定めて入札を行い，予定価格以下で最も低い札を入れた者と契約するという原則」[4]があります。

この予定価格の算定に積算が使用されるわけです[5]。国は最低価格の建設会社に仕事を発注するので，国が要望した建物かどうかを調べるためには，積算で算出した数量をチェックする必要があります。

つまり「この予定価格は入札の際に必要であるばかりではなく，これを適正に定めることは，業者の不当な連合による工事費のつり上げを防止できる唯一の方法で，その意味からもその重要性が叫ばれるわけである。」[6]

見積工事内訳書を見れば，種類ごとの資材数量，単価が明記されているので，プロが見ればわかります。このように積算は重要な役割を果たしています。

---

4　郷原信郎『「法令遵守」が日本を滅ぼす』新潮社，2007年，16頁
5　藤田修照『土木工事の積算 改訂』経済調査会出版部，1991年，37頁
6　前掲書5　37頁

## 積算の意義

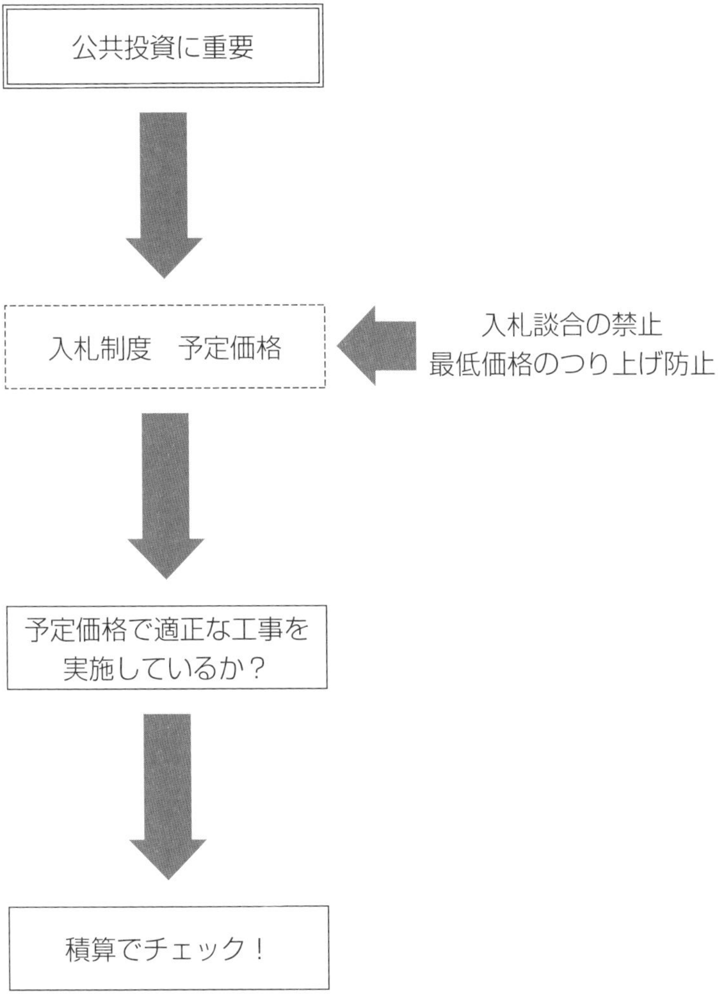

公共投資に重要

↓

入札制度　予定価格 ← 入札談合の禁止
最低価格のつり上げ防止

↓

予定価格で適正な工事を
実施しているか？

↓

積算でチェック！

## 31 顧客にとっての積算とは？

さらに会計検査院が公共投資に税金を濫用していないか調査する際にも積算は重要な資料となるのです。

つまり，積算とは，ある意味で公共建設投資において，必要不可欠なものであることがわかります。国が入札のために予定価格を提示する必要があります。その予定価格が積算という根拠を基に算出されるわけです。

この積算は，工事の原価計算にも使用され，見積工事金額を注文者へ提出する際にも使用されます。この点は，前述のとおりです。

本来，積算の必要性かつ重要性は，公共投資の際のチェック機能です。しかし，一般の建設工事においては，チェック機能は上手く作動していないといえるでしょう。なぜなら，発注者もチェックする知識も持ち合わせていませんし，チェックする第三者もいないからです。もちろん何らかのトラブルで裁判沙汰になれば話は別です。

ただ，建設業法20条１項に規定されている「建設業者は，建設工事の請負契約を締結するに際して，工事内容に応じ，工事の種別ごとに材料費，労務費，その他の経費の内訳を明らかにして，建設工事の見積りを行うように努めなければならない。」という条文から判断すれば，建物の価格設定には積算が基盤にあるように考えられます。

本来価格設定は，自由に設定できるものです。ただし，自由な価格設定が公正かつ自由な競争を妨げるような場合は，独占禁止法により規制をしています。

公共建設工事の入札

予定価格の提示

積算の根拠に基づいた予定価格

手抜き工事のチェック（積算から数量計算）

公共工事における適正工事のチェックのため

収益が発生する建物に積算のチェック機能は必要なのか？

## 32 世界基準であるISOとは何か？

社会的責任とは，いかなるものなのでしょうか？

企業の社会的責任はCSRという言葉で耳にしたことがある方も多いかと思います。しかし聞いたことがあっても，具体的に何を意味しているのか，理解している人は多くはないのではないでしょうか？

実は社会的責任とは，ISO26000によって明確に定義されています。ISOとは国際標準化機構（International Organization for Standardization）の略です。26000とは規格（ISOが国際的にこれを標準としますと宣言したもの）の通し番号を意味しています。

標準や規格は，大変重要なものです。元来，どこの国でも自国製品については，既に一定の規格や標準化基準が存在しています。日本では，JISというものがあります。JISが規定している内容は，製品の互換性，安全性，信頼性などを確保するために設定されたものです。

ネジやボルトについて，規格・標準化の重要性について考えてみましょう。

ネジやボルトなどの規格とは，大きさの基準や耐久性の基準などをいいます。この規格が統一されていることにより，ネジやボルトの製造会社は，基準を満たした製品を大量生産できるわけです。大量生産できるので，ネジやボルトの価格も安価になり，品質の良いネジやボルトを安く提供することが可能となります。

一方，これらのネジやボルトを購入する業者は，ネジやボルトの規格を知っていれば，設計段階でどこにどのネジやボルトを使用すれば製品を作ることができるか，事前にわかります。

つまり，ネジやボルトを製造する会社もそれらを使用する会社も，規格があるからこそ安心してビジネスができるわけです。最終的には，消費者が安心して使用できる製品など（消費者メリット）を提供するための基礎的条件を規定しているものが標準や規格というものです。

## 33 ISOは「社会的責任」の定義も規格化

そして，各国には，わが国のJIS規格のようなものが存在しているのです。アメリカでもANSIという規格があり，イギリスでもBSという規格があります。

活発な貿易取引が行われている現在では，製品の国境はなくなりました。このため，自国の基準で製品を製造していては，他国の環境諸条件に合致しないため，輸出できない製品になってしまいます。

このような問題を回避するために，事前に世界基準を決めておけば，問題はなくなるという理由からISOが提案したものが，ISO規格というものです。もちろん，様々な組織が国際標準を提示しています。その中で，ISOは，最も信頼があり世界的に影響力があるため，この基準が世界的に認知されている理由です。

これまでのISO9000などは，製品等の標準化・規格を設定してきました。しかし，今回のISO26000は，言葉の定義まですることになりました。つまり，物事の考え方を世界的に標準化したといっても過言ではないでしょう。

そのような中で，「社会的責任」というものも明確に規定したのです。このため，ISO26000は，大企業，中小企業，零細企業，非営利組織を問わず，あらゆる組織が社会的責任を重視した行動を促がす指針となったのです。

ただし，ISO26000は，認証や契約などのために使用されるものではない点がポイントとなります。強制ではないのですが，他に「社会的に責任」を明確に定義しているものがないため，上記定義を使用する他ありません。これこそが，最大影響力を誇る国際標準化というものでしょう。

## ISO26000の凄さ

様々な国においてそれぞれの規格が存在する

わが国ではJIS規格

国際的な規格の１つがISO2600

言葉の定義までを規格，国際的標準化

「社会的責任」を定義

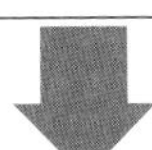

CSRも準用せざるを得ない
(Corporate Social Responsibility)

各国の法律の枠組みを超える「社会的責任」

## 34 企業の「社会的責任」とは何か？

CSRの重要性が叫ばれてから久しいですが，企業の社会的責任とは一体どのようなものなのでしょうか？ 企業の多くは，CSRの活動として，ボランティア活動や寄付活動，ゴミ拾いなどを環境保護活動の一環と呼び，その成果をホームページに掲載していますが，これらの活動が「企業の社会的責任」として評価されるべきものなのでしょうか？

上記の行為が本当に社会的責任を果たしていることになるのか，単なる企業のイメージ・アップ戦略の一環ではないのかという疑念があるため，ここで「社会的責任」とはいかなるものであるか，はじめに確認していきましょう。

「社会的責任」とはどのようなものであるかは，既にISO26000によって定義されています。ISOとは国際標準化機構（International Organization for Standardization）のことです。

ISO26000により，社会的責任とは，右のように定義されています。

企業ではなく「組織」となっているのは，営利企業だけではなく非営利組織も公的機関も含めているので「組織」となっています。つまりあらゆる組織には，社会的責任があるということを明文化しているのです。

その組織が決定することや製品やサービス活動及びそのプロセスにおいて，社会や環境に及ぼす影響については，次項の倫理的な行動[7]を通じて責任がある，といっています。倫理的な行動要因は，４つの要因から構成されています。

---

7 倫理的行動とは，ISO／SR国内委員会 監修『ISO26000：2010 社会的責任に関する手引』（60頁）によれば，「組織の行動は，正直，公平及び誠実という価値観に基づくべきである。これらの価値観は，人々，動物及び環境に対する配慮，並びに自らの活動及び決定がステークホルダーの利害に与える影響に対処するために努力するというコミットメントを意味している」と記述されています。

## 「社会的責任」の定義

2.18

社会的責任（social responsibility）

組織（2.12）の決定及び活動が社会及び環境（2.6）に及ぼす影響（2.9）に対して，次のような透明かつ倫理的な行動（2.7）を通じて組織が担う責任。

—健康及び社会の繁栄を含む持続可能な発展（2.23）に貢献する。
—ステークホルダー（2.20）の期待に配慮する。
—関連法令を順守し，国際行動規範（2.11）と整合している。
—その組織（2.12）全体に統合され、その組織の関係の中で実践される。

注記1　活動は，製品，サービス及びプロセスを含む。
注記2　関係とは，組織の影響力の範囲（2.19）内の活動を指す。

出典：ISO／ SR国内委員会 監修『ISO26000：2010 社会的責任に関する手引』（日本規格協会，40頁）

## 35 4つの倫理的な行動を伴う社会的責任

企業は，社会及び環境に及ぼす影響に対して，倫理的な行動を通じて責任を担わなければなりません。その4つとは以下のものです。

第1としては，健康及び社会の繁栄を含む持続可能な発展に貢献するということです。「持続可能な発展」という言葉は，日本人には感覚的に理解できない言葉かもしれません。ISOでは，「持続可能な発展」とは，「将来の世代の人々が自らのニーズを満たす能力を危険にさらすことなく，現状のニーズを満たす発展」と定義しています。

ちなみに79頁の図の太字になっている文字は（　）内の番号によって，さらにその語彙がISO26000において定義されていることを意味しています。

環境省では持続可能な社会とは，「低炭素社会」と「循環型社会」と「自然共生社会」の3社会により構築されると想定しています。

つまり，持続可能な発展に貢献するとは，低炭素社会と循環型社会と自然共生社会の実現に向けて貢献することが，社会的責任を構成する第一要因となります。

第2としては，ステークホルダーの期待に配慮する点です。この点は，重要なので後ほど紙面を割いて言及します。

第3は，関連法令を守り，国際行動規範に整合している点で，法を尊重する義務があるということです。

第4は，組織全体に統合され，その組織の関係の中で実践されるという点です。この点も大切な概念なので後ほど別途言及します。

以上のようにISO26000において「社会的責任」は定義されています。CSRの社会的責任もISO26000の「社会的責任」を借用しているといえます。したがって，CSRの「社会的責任」も，先に見た4つの要因を基盤とした倫理的行動を伴う責任を負うことになるわけです。

つまり，前項で触れたボランティア活動や寄付活動，ゴミ拾いなどを「企業の社会的責任」といってよいのでしょうか。

ISO26000の「社会的責任」の定義の下で，建設会社のCSRを考えたとき，価格構造メソッドの威力が発揮されるのです。

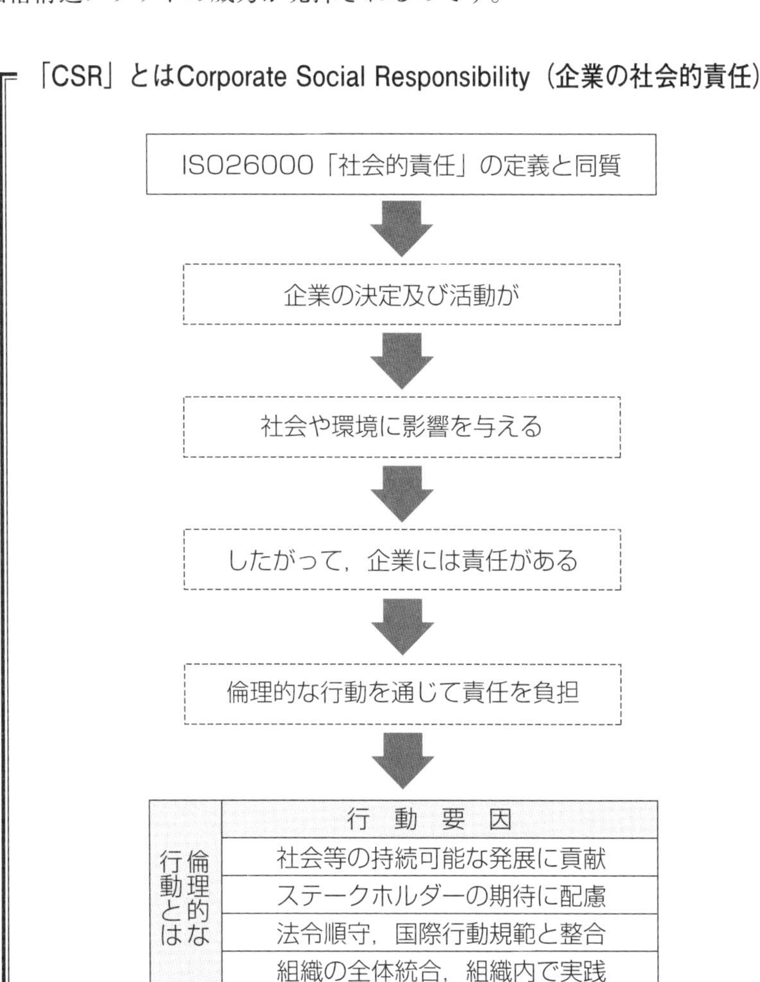

## 36 「建設会社の社会的責任」と「ステークホルダー」

建設会社の社会的責任を更に考えるとき，「ステークホルダー（2.20）の期待に配慮する」[8]ことが求められています。ステークホルダーについてもISO26000において，「組織（2.21）の何らかの決定又は活動に利害関係をもつ個人又はグループ」と定義されています。利害関係をもつ個人又はグループには，当然ですが顧客（個人又は法人）[9]が含まれています。そして，ステークホルダーの期待[10]とは，ステークホルダーの価値観から発生するものといえます。

したがって，建設会社の社会的責任とは，顧客の価値観から発生する期待に配慮することが求められているのです。

実は，顧客が建物を事業に使用し大規模修繕工事を行った場合，建設会社が作成した契約書などが原因で，税務申告において不必要な税金を支払うことになるのです。

顧客は基本的に無駄な税金など支払いたくないはずです。そう考えると，建設会社はステークホルダーである顧客に対して社会的責任を果たしていないということになります。

この問題を解決するためには，建物の価格構造を変えることが必要不可欠なのです。そして，建物の価格構造を変えなければ，建設会社は社会に悪い影響を与えることになるのです。

---

8 ISO／SR国内委員会 監修『ISO26000：2010 社会的責任に関する手引』（日本規格協会，41頁）

9 前掲書注7 61頁

10 前掲書注7 48頁 社会の期待のところで，「社会責任は，法令遵守を超えた行動及び法的拘束力のない他社に対する義務の認識も必要とする。これらの義務は，広く共有される倫理，その他の価値観から発生する」と記述されている。

## 建設会社の社会的責任

ステークホルダーの期待に配慮すること

顧客・社会の期待に対して配慮すること

多くの建設会社が作成している
契約書には問題がある

建物の償却による不必要な税金の発生問題
&
建物の架空資産の問題

社会的責任問題が浮上

解　決　策

建設会社が建設価格構造を変えるしかない

## 37 「建物の価格問題」と「建設会社の社会的責任」

建物の価格構造を変えなければ，なぜ建設会社は社会に悪い影響を与えることになるのでしょうか？

詳細は別に説明していますので，ここでは簡略的に話します。

現在の建物の価格比率70：30（建物の価格と建物附属設備の価格）では，大規模修繕工事をした際に，建物勘定から古い床・壁・天井などの未償却残高をマイナスすることができないため，粉飾決算となってしまいます。粉飾決算になると，どうなるか説明します。

上場企業が建設会社に工事発注して，その証憑に基づいて会計処理と税務処理をして，架空資産が発生すると無駄な税金を上場企業は支払うことになります。

つまり，これは株主から預かった資産を不必要なことに支払ったことになり，株主代表訴訟になり得ます。

この無駄な税金は，売上高に換算すると決して小さな額ではありません。なぜなら，建物は企業が所有する最も高額な償却資産であるからです。

この問題を話すと建設会社は，それは会計士や税理士の問題ではないか，と反論しますが，そうではなく，実は，建設会社の工事内訳書の問題です。この社会的問題は根が深く，会計学の問題，さらには巨大地震による復興問題にも波及するので，まさしく社会的問題といえるのです。

つまり，建設会社は建物を建てるだけで社会的責任は遂行されていると思っているようですが，それだけではないのです。工事内訳書の作成も建設会社の活動の一部と見做すことは，ISO26000「社会的責任」の定義において注記に「活動は，製品，サービス及びプロセスを含む」と示されています。建設会社の社会的責任とは，建物を作ることだけではないということを，再確認することが重要だと考えます。

## ISO26000
## 社会的責任の範疇とは

製品・サービス
及びプロセスを含む

顧客の会計処理に与える証憑問題

サービス・プロセスの問題の範疇

循環型社会形成に足かせ
不必要な税金というキャッシュ・アウト

会計や税の問題発生

会計学者や税法学者でも解決不可能

建設会社のみが解決可能

建設会社の社会的責任

## 38 「建設会社の社会的責任」と「統合」と「建物の価格問題」

また，建設会社が社会的責任を考えるとき，「その組織（2.12）全体に統合され，その組織の関係の中で実践される」ことが求められます。この文章のキーワードは「統合される」です。CSRに造詣が深い笹谷秀光氏が『CSR新時代の競争戦略 ISO26000活用術』（日本評論社，2013年）において，企業の社会的責任とは「「本業を通じて」社会的責任を果たすという解釈になる。」と論述しています（12頁）。

元来，CSRは「本業」ではなく「慈善事業（奉仕活動）」や「寄付活動」などを通して，社会をより良くすればよいという風潮があったように思えます。しかし，ISO26000では，企業の社会的責任は，本業で行ってこそ社会的責任であるという考え方です。これまでのような「適当に社会的貢献しておけば良い」というCSRもどき理論は通用しないということを意味します。

そう考えると，建設会社は何ができるのでしょうか？これが本書のテーマなのです。建設会社しかできない，社会に欠如している何か，社会に必要な何かを見つけ出し，社会貢献することこそ，企業の社会的責任ではないでしょうか。

建設会社が建てた建物が，現状の会計学や税法では，持続的可能な社会，環境問題，循環型社会形成などに対応できない難問を，自らの価格設定によって，解決することが可能なわけですから，まさしく価格構造メソッドの実践が建設会社の社会的責任の取り方になるわけです。

それも建設会社にとって最も大事な顧客が満足するというサービスの提供を通して達成されるものであります。この社会的責任の取り方に，新たな資金や，建設会社の利益を圧縮するようなことは起きません。発想の転換をするだけで，顧客も喜び，社会の難問を解決することができるのですが，価格構造メソッドをCSRに取り込むべきではないでしょうか。

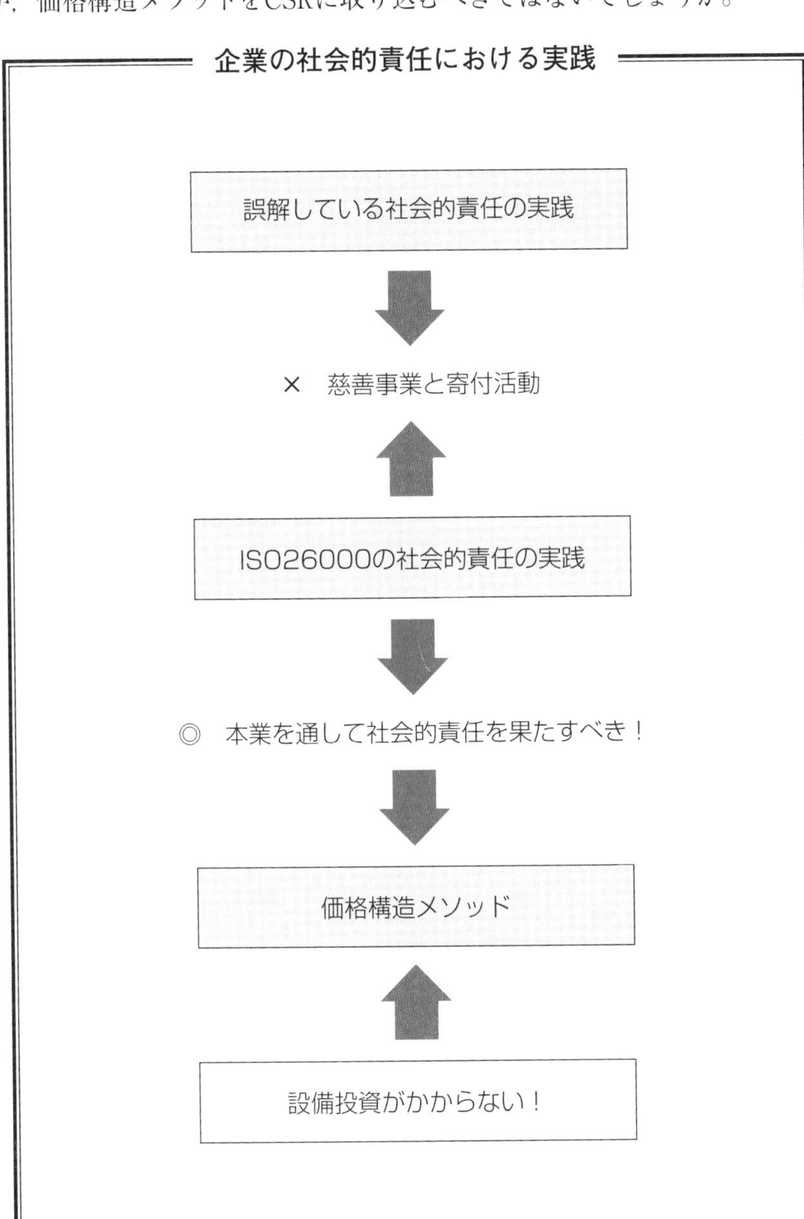

## 39 CSVから考察する「価格構造メソッド」の意義

ハーバード大学のマイケル・ポーター教授は，CSRの代替的な概念としてCSV（Creating Shared Value，共通価値の創造）を提唱しています。ポーター教授は論文の中で，これからの企業は共通価値の創造を目指すべきであり，これまでの企業の役割としての社会貢献（雇用創出や税金負担など）や自己完結的な利益追求型の経営方針は古いと指摘しています。

それでは，共通価値の創造とはどのようなものなのでしょうか？

ポーター教授は「共通価値のコンセプトは，社会的ニーズに取り組むことが事業の成長と収益性を高める最大の機会を創出する」と断言しています。また教授は「企業が慈善事業としてではなく本業として取り組めば，社会問題の解決に最大のインパクトを与えられるのです。」と論じ，さらに「NGOや政府と違い，企業による社会問題の解決には寄付や税金はいりません。」[11]と明言しています。かなり強烈な言葉ですが，本質を突いた正確な言葉だと思います。

CSVに賛同した一部のグローバル企業（ネスレ，グーグルなど）では，事業に取り入れられるようになりました。しかし，わが国の企業では，理論的には多くの賛同者はいますが，事業に取り入れている企業は少ないようです。そのような状況ですが，ポーター教授は「これからの競争優位」の論文の中で，日本の社会問題として国民の多くが心配し恐れている問題に企業が取り組むべきである，というような言い回しをしています。

「日本にも，巨大な社会的ニーズが存在しています。他のどの国も経験していない高齢化の問題をはじめ，医療費の増加，環境問題，自然災害への対策などです。日本政府はこうした問題に独力で対処できるだけの資源

11 マイケルE.ポーター「これからの競争優位」『Diamond Harvard Business Review March 2013』ダイヤモンド社，71頁

と能力を持ち合わせていません。」と述べています。

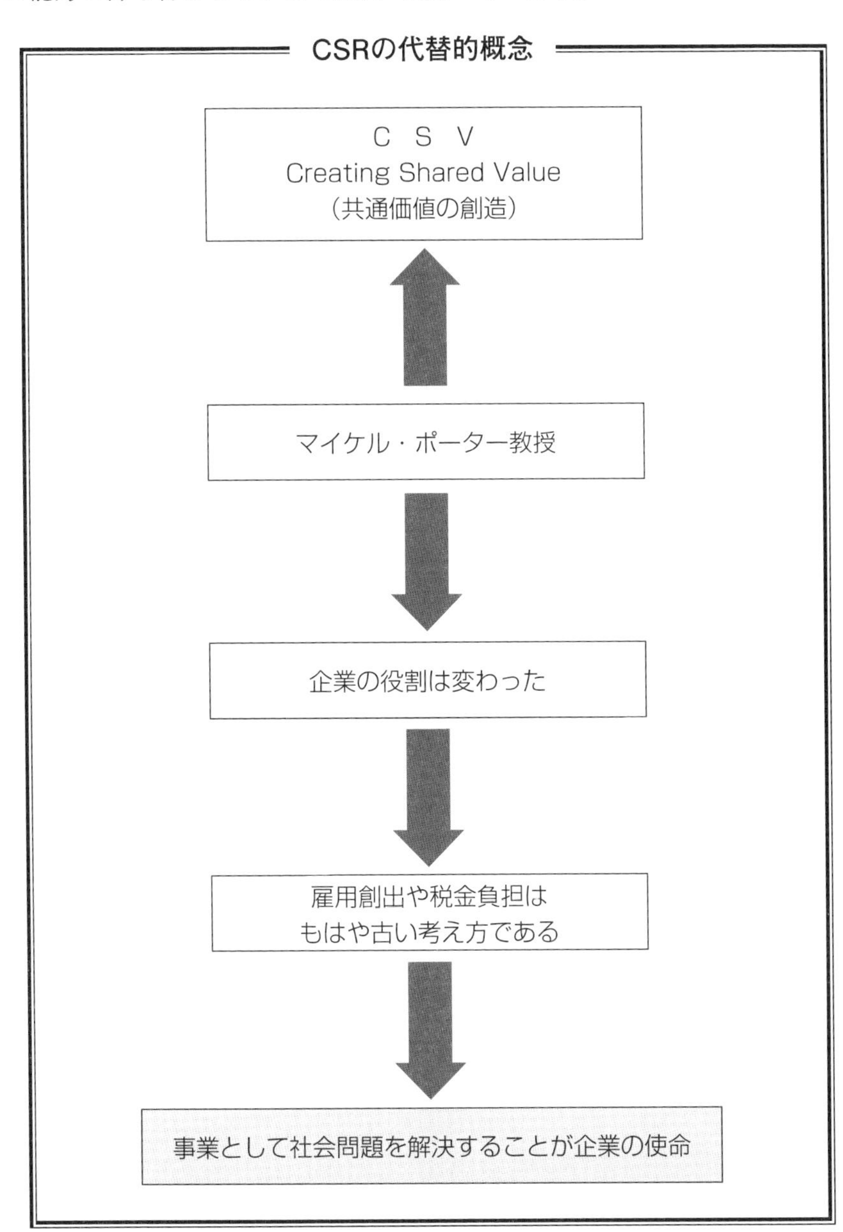

## 40 CSVとは政府やNGOではなく企業が社会の難問に立ち向かうこと

政府ができないのであれば，企業がやるしかないのです。非営利組織に頼っても埒（らち）が明きません。

僭越ながら，本書で提案する「価格構造メソッド」は，ポーター教授が提案しているCSVの理念と一致したもので，企業（建設会社）が本業を通して社会的ニーズの一部を充足可能な理論であると位置づけています。その社会的ニーズとは，教授の指摘する環境問題と自然災害対策の一部についてです。

「価格構造メソッド」は，環境問題に関わる「循環型社会形成」において効果的です。また，自然災害対策としては，地震などの天災により建物を失った被災者または被災企業に建設会社が建物を提供する際に効果を発揮します。

上記の「循環型社会形成」問題や「自然災害対策」問題も，会計処理に関わる問題です。会計処理等の問題であれば，公認会計士，税理士，研究者で解決できると思われるかもしれませんが，それが不可能なのです。

唯一これらの難題を打開できるのは建設会社しかいないのです。建設会社が積極的に動けば，簡単に難題を解消してくれます。ポーター教授の指摘したとおり，企業が本気で動けば，社会的問題に対処し社会的ニーズを満たしてくれます。

企業が本気で動くということは，それぞれの企業が，本業を通して社会問題を終結し，同時に社会的ニーズを補足してくれます。

片手間ではなく，本業をベースにして，難題に取り組むということが企業の共通価値創造になるのではないでしょうか？

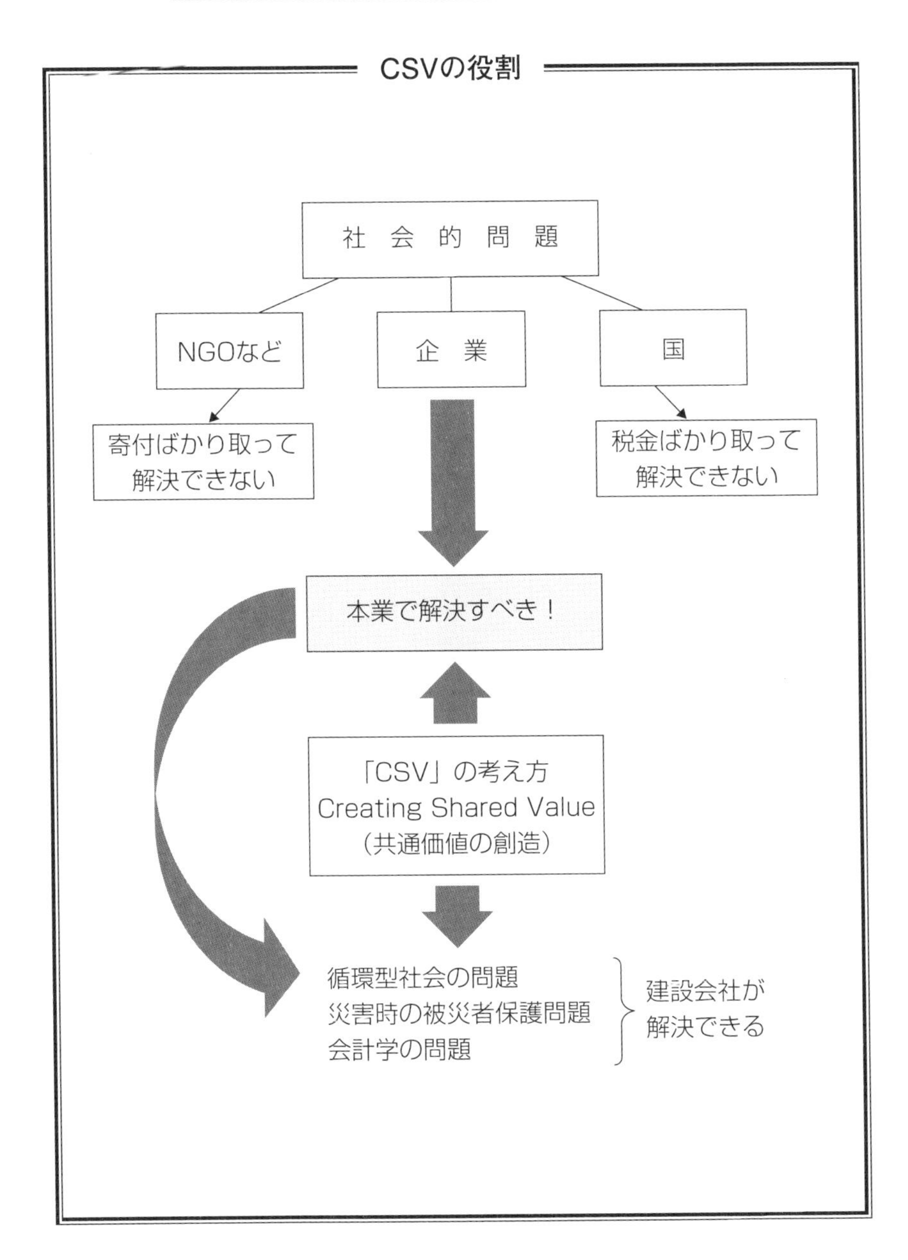
CSVの役割
社会的問題
NGOなど
企業
国
寄付ばかり取って解決できない
税金ばかり取って解決できない
本業で解決すべき！
「CSV」の考え方
Creating Shared Value
（共通価値の創造）
循環型社会の問題
災害時の被災者保護問題
会計学の問題
建設会社が解決できる

## 41 ESG投資における建設会社が取るべき戦略

ESG投資とは，従来の財務諸表だけではなく，環境（Environment），社会（Social），ガバナンス（Governance）要素にも配慮した投資のことをいいます。2006年，ガーナ出身のアナン国連事務総長（当時）のESGの視点を投資に反映すべきである，という考えの基に生まれたものといわれています。

投資を会計学の視点で捉えると，株主と経営者との関係に置き換えることができます。委託者と受託者の関係を，エージェンシー関係といいます。つまり，経営者が株主（投資家）から財産の管理・運営を委託されているため，経営者に課された受託責任の遂行を委託者へ会計報告する義務があるというわけです。

このようなエージェンシー関係の中で，経営者がCSRに対して企業努力をしても，株主が全くCSRに興味を持たずに，短期的な投機をしては，会計報告の結果は目に見えています。これでは，エージェンシー関係のバランスが取れません。アナン氏は，直感的にこのような点に疑念を持たれていたのでしょう。それ故，ESGの視点を投資に反映すべきだとする考え方をされたのではないでしょうか？[12]

ESG投資の対象企業は，どのような企業なのでしょうか？一般的に言われているのは，$CO_2$排出量削減に取り組んでいる企業，労働環境の改善を行っている企業などです。

筆者は，これらに建物の価格構造メソッドを活かす企業（建設会社）もESG投資の対象になるものと考えます。建設会社が具体的なCSRを通して，

12 大森充『１冊で分かる！ESG／SDGｓ入門』（中央公論新社，2019年，10頁）大森氏は，コフィ・アナン氏の発言を引用しているので，参照すべき価値がある。筆者は，アナン氏の発言を会計学的に咀嚼してみた。

循環型社会形成や震災時の復興対策を提案することによって，実現可能と考える次第です。

つまり，ESG投資を引き寄せることができるかできないかは，企業のCSRと根本的にリンクしているものと考えます。したがって，より具体的なCSRの構築が必要不可欠なのです。本書では，建設会社に対して効果的に具体的なCSRを提示しているものです。

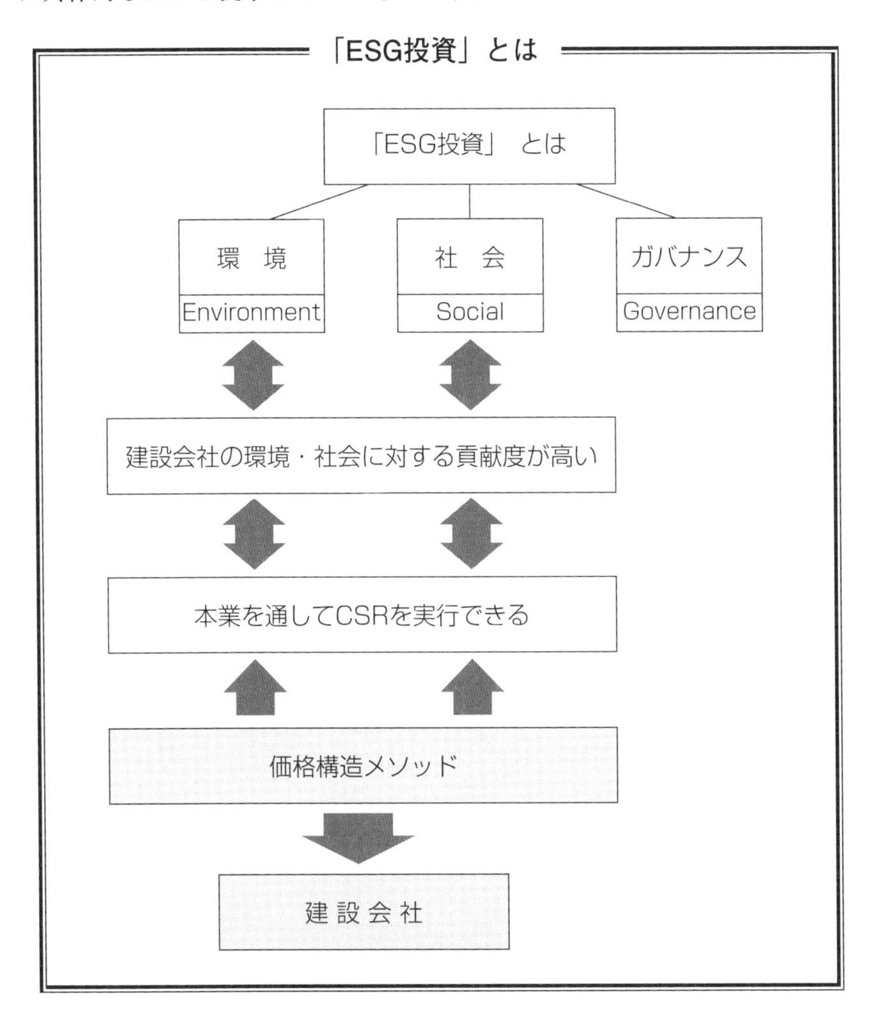

## 42 なぜ建物の価格構造は70：30になってしまうのか？

建物の価格構造比率，躯体部分価格と附属設備価格の比率は，70：30となります。つまり，10億円の建物を購入した場合，建物請負契約書に綴じられている完成工事内訳書の金額を調べると，躯体部分価格（床・壁・天井など）は7億円で，附属設備部分価格（空調設備，電気設備，給水・排水設備など）は3億円となります。顧客のメリットを考えた場合，この比率が大変重要なポイントとなります。

筆者の建物に関しての価値観は，建物の躯体部分がどんなに良くても，附属設備の機能が不十分なものであれば，建物の価値はないのではないか，という考えです。価値は金額で表示するものです。したがって，建物の価格構造比率が70：30とは，すなわち附属設備の価値より躯体部分に価値があるとみなしているということになり，このような価値判断に疑念を抱いています。

なぜ疑念を抱くのか，インフラと附属設備の関係性で考えてみましょう。人はインフラが整備されているところに集まり生活します。電気・ガス・水道などのライフラインが整備されている所で，人は生活やビジネスを営むのが常です。生活やビジネスの拠点こそ建物なのです。身近にインフラが整備されていても建物に附属設備機能がなければ，インフラの利便性を効果的に受け取ることはできません。

建物工事の段取りの視点で附属設備の重要性を考えます。附属設備を工事期間内に躯体部分に手際良く配置するために，建設会社は設計段階から工事が完了するまで，どのようにしたら効率良く工事が進行するか苦心するのです。

建物の躯体だけを建てるのであれば，時間も苦労も半減するのではないでしょうか？ このように考えると，建物の価値を考える際には，躯体部分と附属設備部分の価格比率が70：30とは不思議でなりません。この章では，なぜ70：30なのかを論究したいと思います。

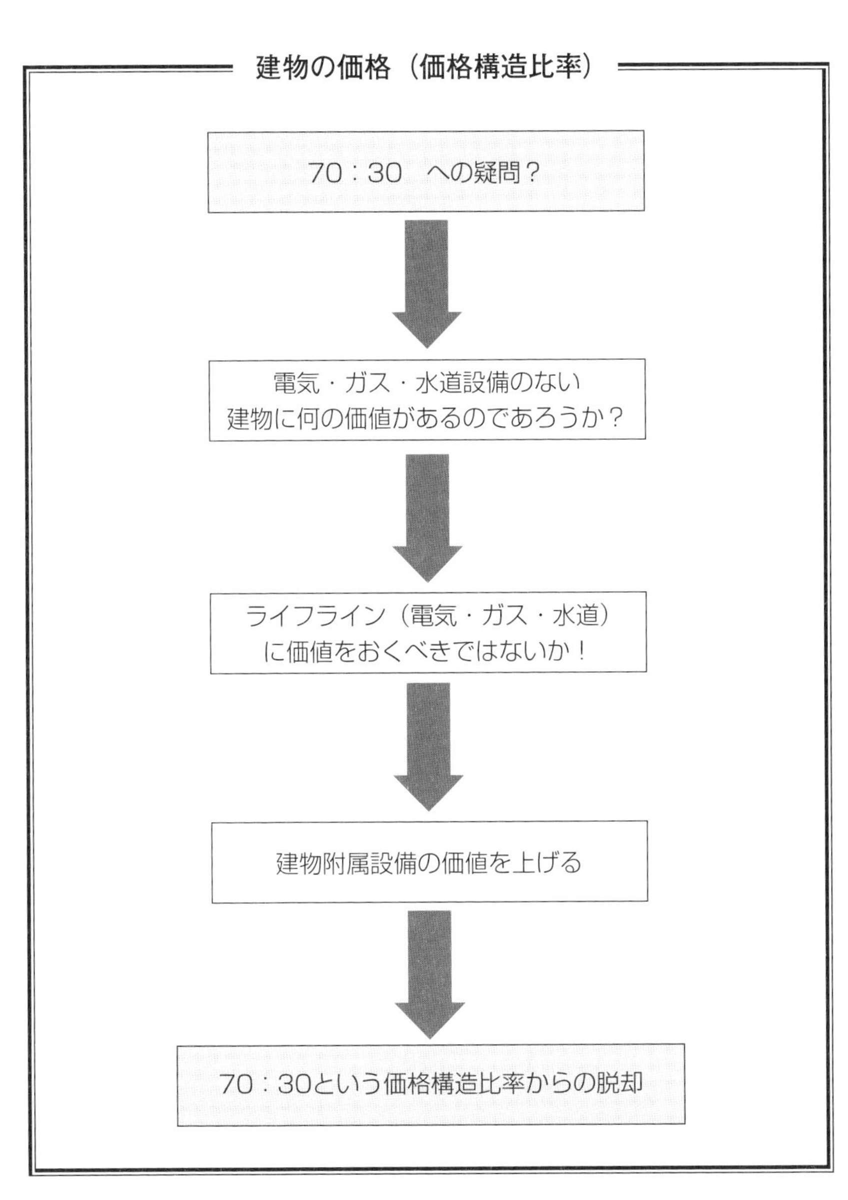

## 43 請負契約書の工事見積額とコストプラス法

建設業法19条（建設工事の請負契約の内容）は，工事内容から契約に関する紛争の解決方法まで様々なことが規定されています。請負代金の額についても，「二 請負代金の額」において明記することが求められています。この契約書における請負代金の額とは，当事者によって工事を行なう前に取り交わされるものなので，請負代金の額とは見積りを意味することになります。

そして，建設工事の見積り等については，建設業法20条１項において「建設業者は，建設工事の請負契約を締結するに際して，工事内容に応じ，工事の種別ごとに材料費，労務費，その他の経費の内訳を明らかにして，建設工事の見積りを行うように努めなければならない。」と規定されています。

つまり，建設会社と顧客との間で請負契約において「工事内容に応じ，工事の種別ごとに材料費，労務費，その他の経費の内訳を明らかにして，建設工事の見積り」に関して一応合意しておくことが必要だからです。

この建設業法20条１項により，建物の見積りはコストプラス法で価格設定されているのでしょうか？　材料費，労務費，その他の経費を明らかにしておけば問題がないので，別段何でも良いのでしょうが，工種別のように材料費，労務費，その他の経費という費用項目が列挙されていることを鑑みると，コストプラス法といえます。

建設会社は，躯体部分の価格の比率と附属設備部分の価格の比率について，何らかのこだわりがあるのでしょうか？　恐らくないでしょう。建設会社にとって，最も大切なことは，工事の総額であり，比率の問題ではないということです。工事の総額を顧客から回収することが最重要課題なのです。

## 建設工事請負契約書

「請負代金の額」の明記  建設業法19条

建設工事の見積り（費用の内訳の明記） ➡ 建設業法20条１項

建設工事の見積り（費用の内訳の明記）

工事種別ごと

① 材　料　費
② 労　務　費
③ その他の経費

コストプラス法

建設会社に重要なことは費用項目ではない

工事金額の総額が最も重要

## 44 建設工事の見積りと建設会社の利益

顧客は，建物の完成の対価として建設会社に報酬を支払います。その報酬の中には，建設会社の利益が含まれています。基本的に建設会社は，建物を建てることによって，どの程度の利益を得ているか顧客には知られたくないものです。

なぜならば，仮に建設工事の見積書に，「この建設にあたり弊社は工事金額のうち30％を利益として請求させて頂きます」と明記しておいたら，顧客から値引き交渉の材料に利用されることになるでしょう。

したがって，顧客に解らないように様々な方法で利益の確保が行われます。利益が高額であっても，請負契約において，お互いが同意すれば何ら問題はないわけです。そうであれば，建設会社が建設工事の見積りをする場合，様々なところへ利益を乗せ替えても問題はないといえます。別段これは悪いことではありません。企業の目的は利益の拡大化です。買手が納得して購入してくれれば，どんなに利益を乗せても問題はありません。

ただ，建設会社が１棟の建物を建てるといくら利益を確保できるかについては，先に見たとおり市場価格と固定資産税評価額との差額であることを確認しました。ある意味で，国家機関が建設会社の利益額は，市場価格と固定資産税評価額との差額であると認識しているので，どれだけ利益を確保しようが別に問題ありません。

ただし，一部の顧客がマイナス影響を受けるような利益の乗せ方は，注意が必要です。したがって，価格構造メソッドの考え方から申し上げると，建設会社の利益を鑑み，躯体部分の価格の比率と附属設備部分の価格の比率は50：50からスタートすべきと考えます。附属設備部分の価格比率が50を下回ることは，顧客の立場になって考えていないといえるのではないでしょうか？

## 建物本体工事に利益を上乗せ

工種別内訳書

| 名称 | 摘要 | 数量 | 単位 | 金額 |
|---|---|---|---|---|
| 共通仮設工事 | | | | |
| 建物本体工事 | | | | |
| 電気設備工事 | | | | |
| 給排水設備工事 | | | | |
| 空調設備工事 | | | | |
| 昇降機設備工事 | | | | |
| 現場管理費 | | | | |
| 一般管理費等 | | | | |
| 合計額 | | | | |

- 土工事
- 杭工事
- 鉄筋工事
- コンクリート工事
- 防水工事
- タイル工事
- 木工事
- 金属工事
- 左官工事
- 建具工事
- 硝子工事
- 塗装工事など

建物本体工事の各工事に利益を配賦してもわからない

## 45 建物の原価計算と見積価格

ここでは，建物の原価計算がどのように行われているのか，工事内訳書の視点から分析してみます。建物の価格は基本的には個別原価計算によって算出されます。顧客から発注があると，建物ごとに原価を計算する方法が取られています。

個別原価計算は受注生産で多く利用される方法ですが，はじめに顧客と建設会社との間で建築工事請負契約書を取り交わすことが必要不可欠です。

契約締結に至った場合，請負契約書の記載額は，見積価格になります。したがって，工事が完全に終了しない限り，建物の完成工事価格は算出することはできません。

顧客にとっては見積価格とは，ある意味で「予算」「希望価格」ということになります。顧客の「予算」と建設会社の「採算性」が合致すれば，契約締結となるわけです。

原価計算では，当初の見積価格に対して建設会社の利益を差し引き，部材・資材等の数量が把握され，それぞれの妥当な単価（仕入単価・外注単価）を算出し，その後下請け業者へ仕事を依頼します。

つまり，原価計算では，「資材の数量×単価，労務の数量×単価，使用仮設×単価，機械台数×単価」という物量計算が行われます。

したがって，建設会社にとって大切なポイントとして，契約を締結する前に，おおよその積算によって資材の数量，労務の数量，使用仮設の数量，機械台数といった計算の基礎となる数量を把握することが挙げられます。

結果，工事見積価格から建設会社の利益を差し引いた残額において，原価計算を行う必要があります。単価は，収束され自動的に決まってきます。最終的に，採算に見合ったそれぞれの物量計算を積み上げしたものが，建築工事の原価となります。

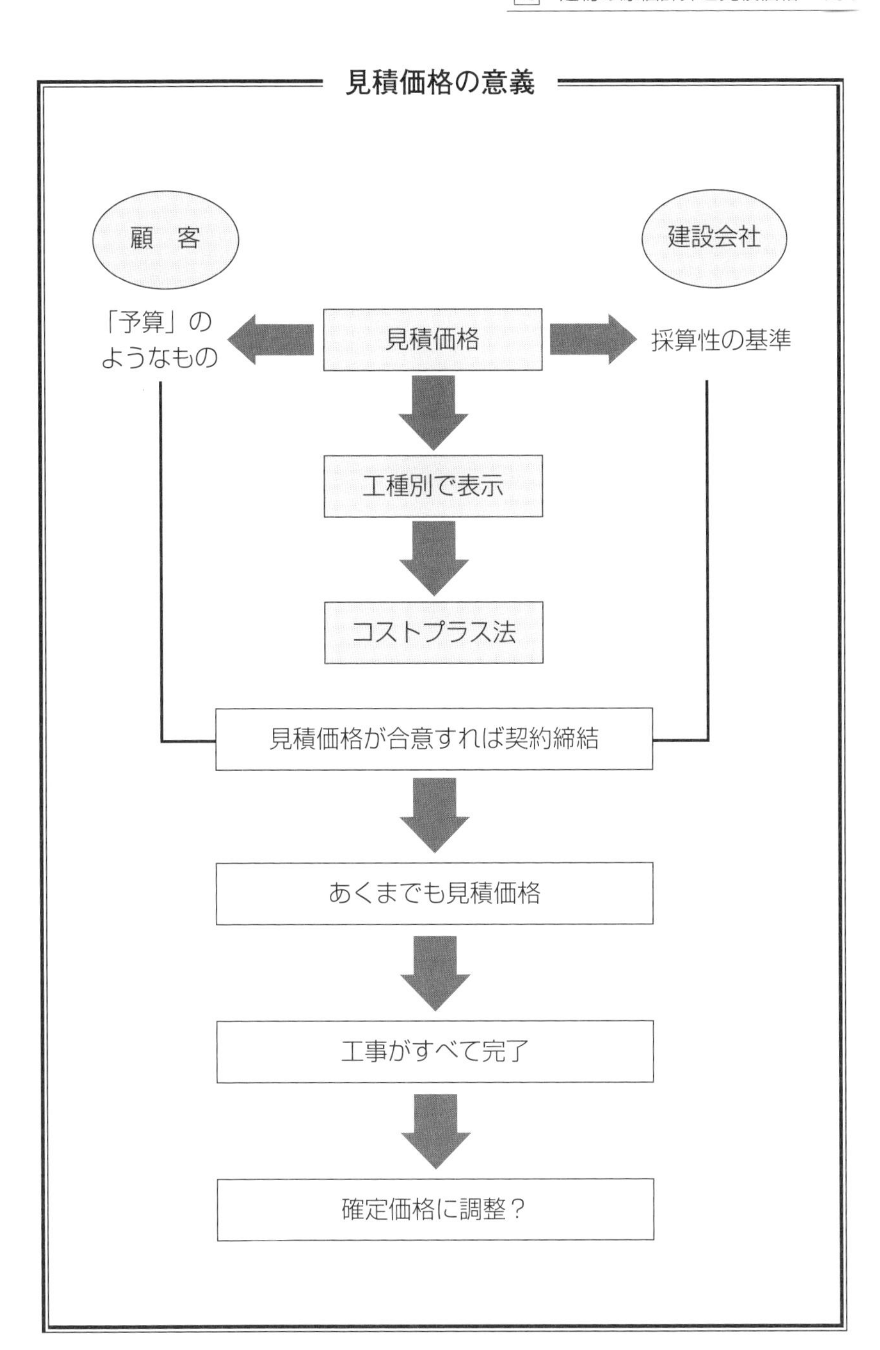
見積価格の意義
顧 客
建設会社
「予算」の
ようなもの
見積価格
採算性の基準
工種別で表示
コストプラス法
見積価格が合意すれば契約締結
あくまでも見積価格
工事がすべて完了
確定価格に調整？

## 46 建設会社の価格設定

建物の価格計算は，建設会社の利益を原価に乗せたものです。建設会社の利益は，建築工事請負契約書の工事内訳書を見ても，「建設業者の利益」と明記されているわけではありません。

つまり，仕入単価や外注単価に加算する方法で建設会社の利益が確保されているということです。したがって，建設会社は，原価に利益をプラスし，価格を形成することによって，利益を享受することになります。

このように，建物の価格設定法は，原価に一定額，一定率のマージンを加算する仕組みを取っているため，これをマーケティングの世界ではコストプラス価格設定法ということは既述のとおりです。

建物の原価の計算過程において，建設会社の利益ははじめに予算から確保され，その残りが資材や労務などの費用に使用されることを考えると，コストプラス法ではないように思われるかもしれません。

しかしながら，後で言及する建設業法20条１項の見積工事価格の費用内訳の開示を考えると，建設会社の利益が別段に表示されていないということは，建設会社の利益は様々な費用に振り分けられているという考え方もできます。すなわち，原価にマージンを加算しているという認識から，コストプラス法という考えて差し支えないでしょう。

本書が問題にしているのは，建設会社が利益をどの項目に配分しているかということです。読者の方は，均等に配分することが良いと思われるかもしれません。しかし，建物の場合は，顧客が建物を取得したのち，減価償却という方法を用いて費用化するため，建物勘定に計上するか，建物附属設備勘定に計上するかによって，費用化のスピードが変わってきます。この点を建設会社が配慮することが顧客満足度を上げることに直結します。

重要な点は，顧客満足度を上げるということです。

## 建設会社の採算性（利益確保）

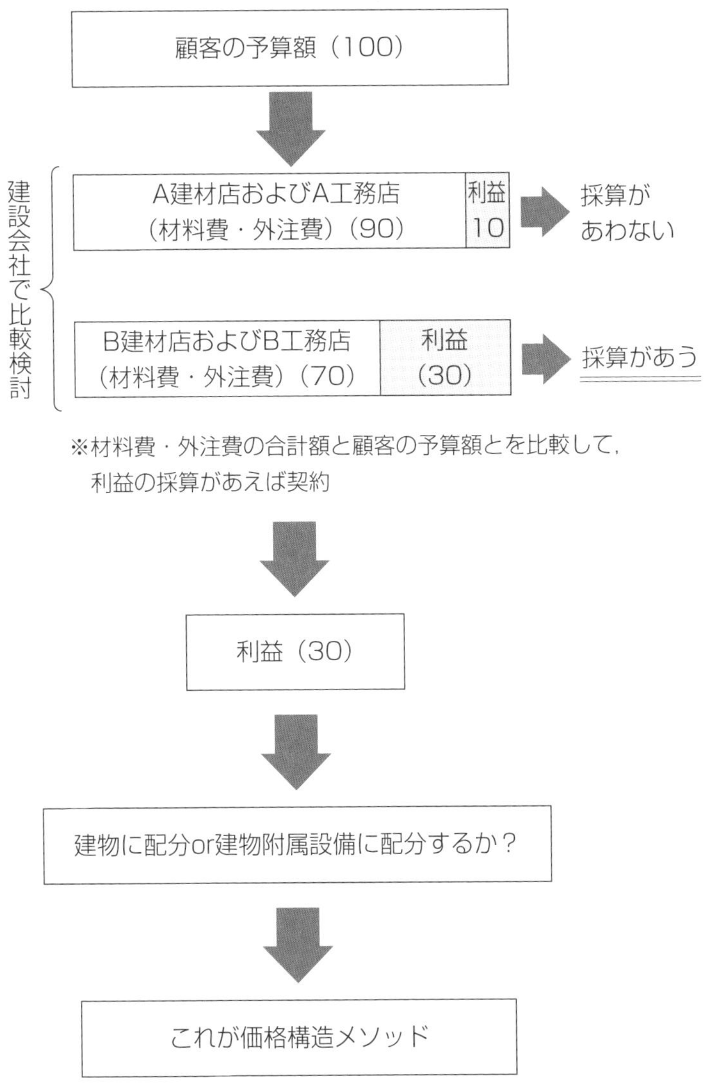

顧客の予算額（100）

↓

建設会社で比較検討

| | |
|---|---|
| A建材店およびA工務店（材料費・外注費）（90） | 利益 10 |

→ 採算があわない

| | |
|---|---|
| B建材店およびB工務店（材料費・外注費）（70） | 利益（30） |

→ 採算があう

※材料費・外注費の合計額と顧客の予算額とを比較して，利益の採算があえば契約

↓

利益（30）

↓

建物に配分or建物附属設備に配分するか？

↓

これが価格構造メソッド

## 47 建設会社に有利な建設業法20条1項

建設会社は，1つだけの現場ではなく，多くの現場で建設工事を手掛けています。したがって，部材や資材の数量が現場ごとに掌握できれば，大量仕入れが可能となり，コストダウンに直結します。また，労務の数量や機械台数が現場ごとにわかれば，人も物も効率よく回転させることができます。

また，部材や資材の数量が管理できていれば，「仕入単価・外注単価」という原価に「建設会社の利益分」を加算すれば，建物の価格を簡単に算出することができます。建物の価格を部材や資材の数量で割れば，「仕入単価・外注単価+建設会社の利益単価」という価格ベースの単価計算も簡単に算出できます。

建設会社にとって数量を把握することは，原価計算も利益計算もスムーズに行えることを意味します。

建設会社はどのような分類の仕方で積算を把握することがベストなのでしょうか？　それは工種別，つまり工程別に積算を把握することが効率的です。理由は，工種別に建設会社が使用する外注先や資材店，部材店はだいたい固定されているからです。工種別に分類すれば，建設会社は経営管理がスムーズにできるのです。

あとは，この工種別に分類されたものを工事内容ごとに基礎，躯体部分，外部仕上げ，内部仕上げ，電気設備，空調設備，衛生設備等に分類すれば，建設業法20条1項に該当する資料に作り替えることが手間をかけずにできます。

材料などの数量や外注の現場人数の把握を積算というのであれば，建設会社が知りたいのは，全ての現場の合計数量です。合計数量を把握できれば，各々の外注先や資材店，部材店に対して，値引き交渉が可能なため，コスト削減にもつながるからです。

したがって，コスト削減分は，ダイレクトに建設会社の利益増につながります。すなわち，ここでいう積算とは，建設会社が利益を上げるための道具としての積算ということになります。

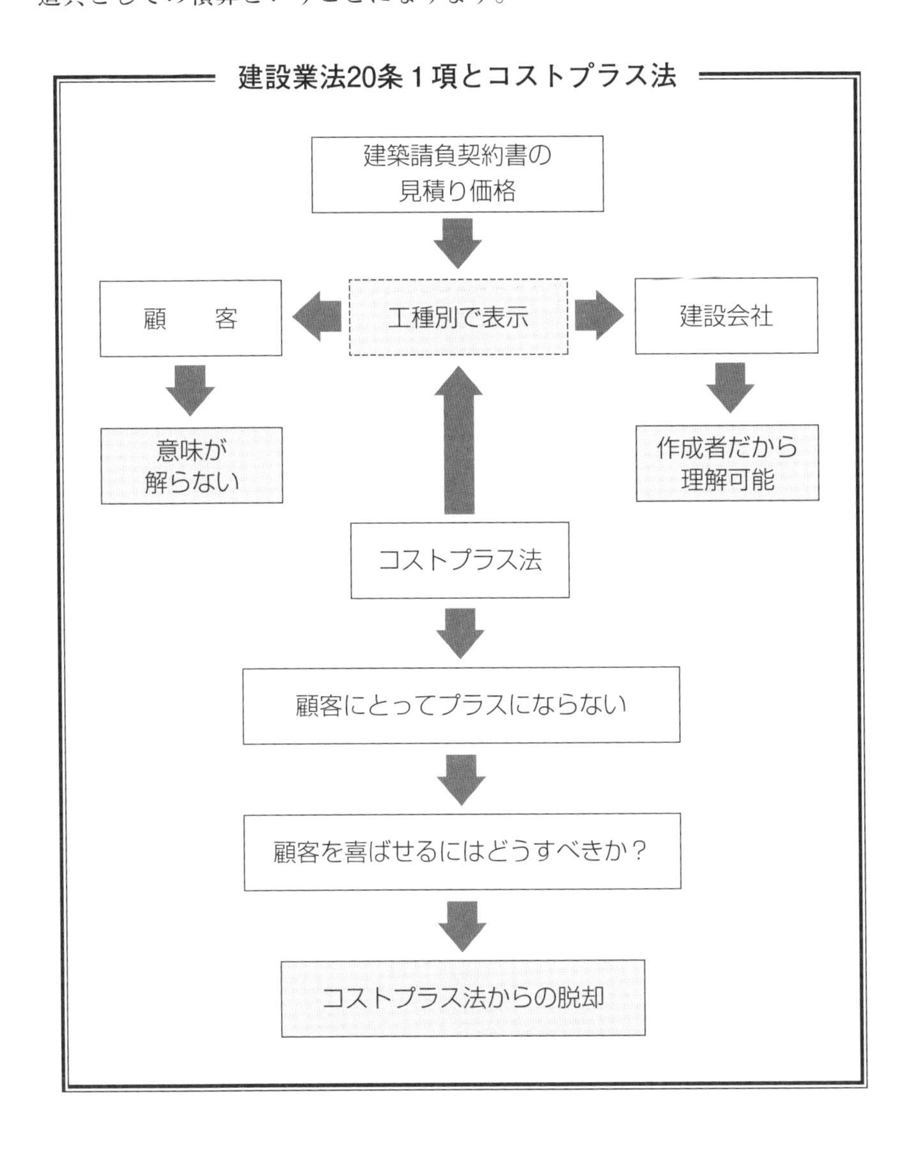

## 48 一部の顧客に不利な建設業法20条１項

建設業法20条１項が要求している諸条件は，建設会社が顧客に対して適正な価格を積み上げて計算を行い，その結果が建物の価格になっていることを示し，お互いに了承するために作成されるものです。

しかし，残念ながら顧客は積算の知識も建築の知識も持ち合わせていないため「工事内容に応じ，工事の種別ごとに材料費，労務費，その他の経費の内訳を明らかに」されても，よく解らないのが現状ではないでしょうか？　顧客にとっては，何を意味している情報なのか，理解できないのです。

大きな問題は，顧客にとって意味がよく理解できない情報によって，税金などの負担が増えることです。契約書の工事内訳書の金額は，顧客が決算や税務申告の作成する際に，建物を費用化するときの減価償却の取得原価を算出する重要な書類となるものです。

コストプラス法の価格設定では，建物すべての価格に占める附属設備部分の価格は小さくなります。附属設備部分の価格が小さくなることは，早期に償却したい顧客（中小企業を想定）には不利になります。

一方，適正に一部除却できるノウハウを備えた上場企業の顧客であれば，不利になるとは言えません。つまり，顧客のニーズを確認することが重要です。

建設会社にとっての最重要任務は，建物を建てることです。このため工事内訳書の見積価格はさほど重要視されていなかったかもしれません。しかしながら，顧客にとって建物の費用化は，利益にダイレクトに影響するため，コストプラス法に基づいた工事内訳書の見積価格は看過できない問題なのです。

## 建設業法20条1項の意義

建設業法 20条1項

見積価格

「工事の内容に応じ，工事の種別ごとに材料，労務費，その他の経費の内訳を明らかにして，建築工事見積りを行うよう努めなければならない」

建設会社にとって
工種別管理は管理がしやすい

建設会社の利益分を工種別に配分すれば
見積価格の完成

建設会社にとってコストプラス法は利便性が高い

## 49 顧客にとって価値がない積算？

積算の重要性は，価格を決定するだけではありません。どのような視点で使用されているか公共建設投資の視点から考えてみます。公共建設工事の際には，「予定価格を定めて入札を行い，予定価格以下で最も低い札を入れた者と契約するという原則」[13]があります。

この予定価格の算定に積算が使用されるわけです。国・地方自治体などの工事発注者は最低価格の建設会社に仕事を発注するため，国などが要望した建物かどうかを調べるためには，積算で算出した数量をチェックする必要があります[14]。

つまり「この予定価格は入札の際に必要であるばかりではなく，これを適正に定めることは，業者の不当な連合による工事費のつり上げを防止できる唯一の方法で，その意味からもその重要性が叫ばれるわけです。」[15]

見積工事内訳書は種類ごとの資材数量，単価が明記されているので，プロが見ればわかります。このように積算は適正な工事が遂行されたかどうかの判断基準として重要な役割を果たしています。会計検査院が公共投資に無駄に税金を使用していないか調査する際にも積算は重要な資料となるのです。

つまり，積算とはある意味で公共建設投資において，必要不可欠なものであることがわかります。入札方式を選択している国などが予定価格を提示するためには，積算という根拠を基に予定価格を算出しなければならないのです。

本来，積算の必要性かつ重要性はチェック機能です。しかし，一般の建

13 郷原信郎『「法令遵守」が日本を滅ぼす』新潮社，2007年，16頁
14 藤田修照『土木工事の積算 改訂』経済調査会出版部，1991年，37頁
15 前掲書注14

設工事においては，顧客は積算知識がないのでチェックもできません。第三者に調査を依頼するほど，顧客には資金がないのが現状です。つまり，積算は顧客にとって意味があるのでしょうか？

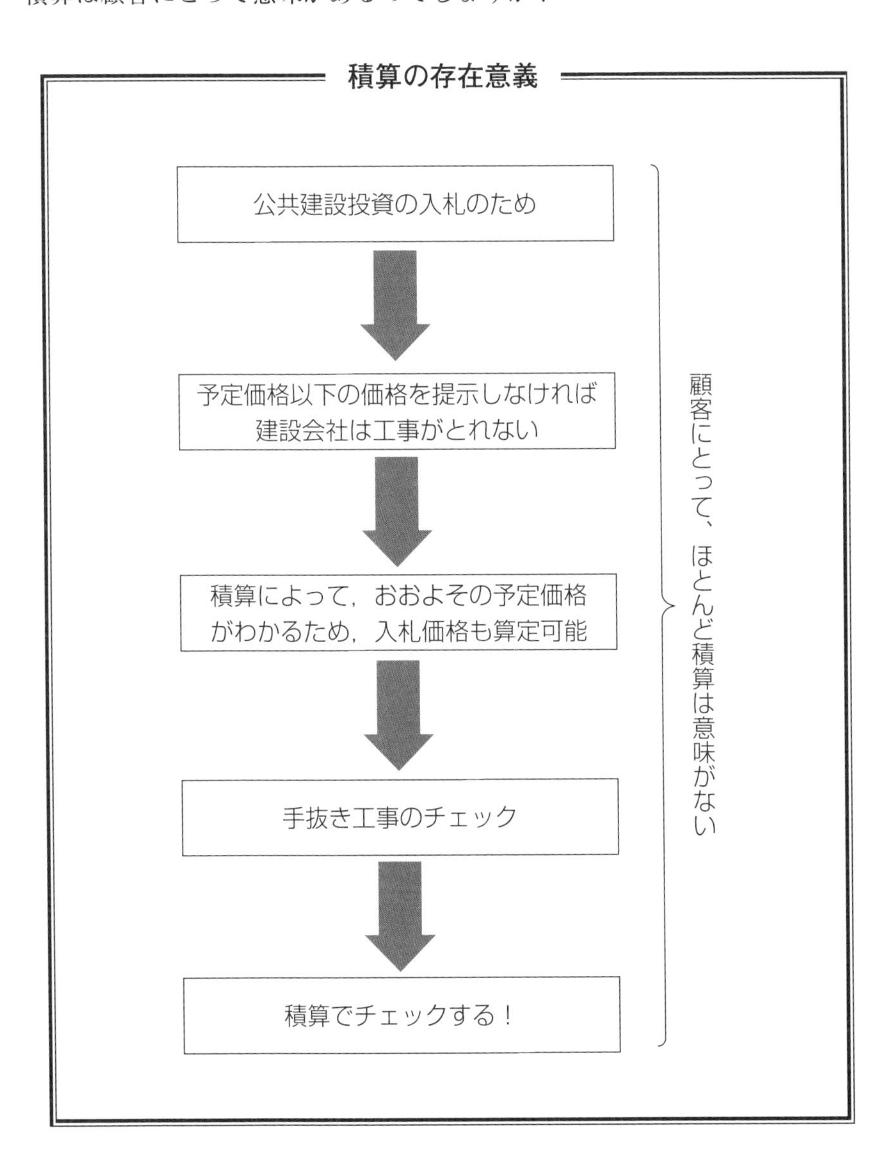

## 50 戦争と建物の原価計算

実は，建物の価格構造が建物と建物附属設備で70：30になっている一因は，原価計算基準の大元の基準が戦争の影響によるものではないかと推測できます。日中戦争を契機に昭和13年（1938年）に国家総動員法が公布され，翌年には価格統制令も勅令されることになり，戦争のために製品や商品の価格をコントロールする必要性があったのです。

価格統制を製品の製造の視点から見ると，最も重要な点は，原価計算が適正に行われ，適正な利益しか乗せていないか，チェックすることであり，「製造原価計算準則」が陸軍の「陸軍軍需品工場事業場原価計算要綱」と海軍の「海軍軍需品工場事業場原価計算準則」に至ったとのことです。

会計学者である諸井勝之助名誉教授の論文「わが国原価計算制度の変遷（前編）」によれば，「戦時下の軍国主義体制のもとでの原価計算制度が，戦後の平和主義体制のもとでも一時期，あまり手直しされることなく政府の経済運営にとって利用価値を有したことは興味深いといわねばならない。」と記述しています。

公共投資における建物の価格設定にも同様に使用されたと推測できます。公共用施設であれば建物附属設備に過度の資金投入することは差し控えねばなりません。高度経済成長において，建設会社は公共投資に大きく関わってきた経緯があります。価格設定を大きく変更することは，便宜上回避したいところです。

しかし，統制経済において，建物（附属設備を含めたもの）の価格を統制するという絶対的使命の視点から考えると，ことさら建物の価格と建物附属設備の価格を分けて考える必要性はなかったと考察することが自然のように思えます。この統制経済的価格設定が現在の建設会社の価格設定に影響を与えていると考えると全てスムーズに合点がいくのではないでしょうか。顧客の価値観も大きく変わりました。戦時中の価格統制の亡霊を排除することが重要課題と考えます。

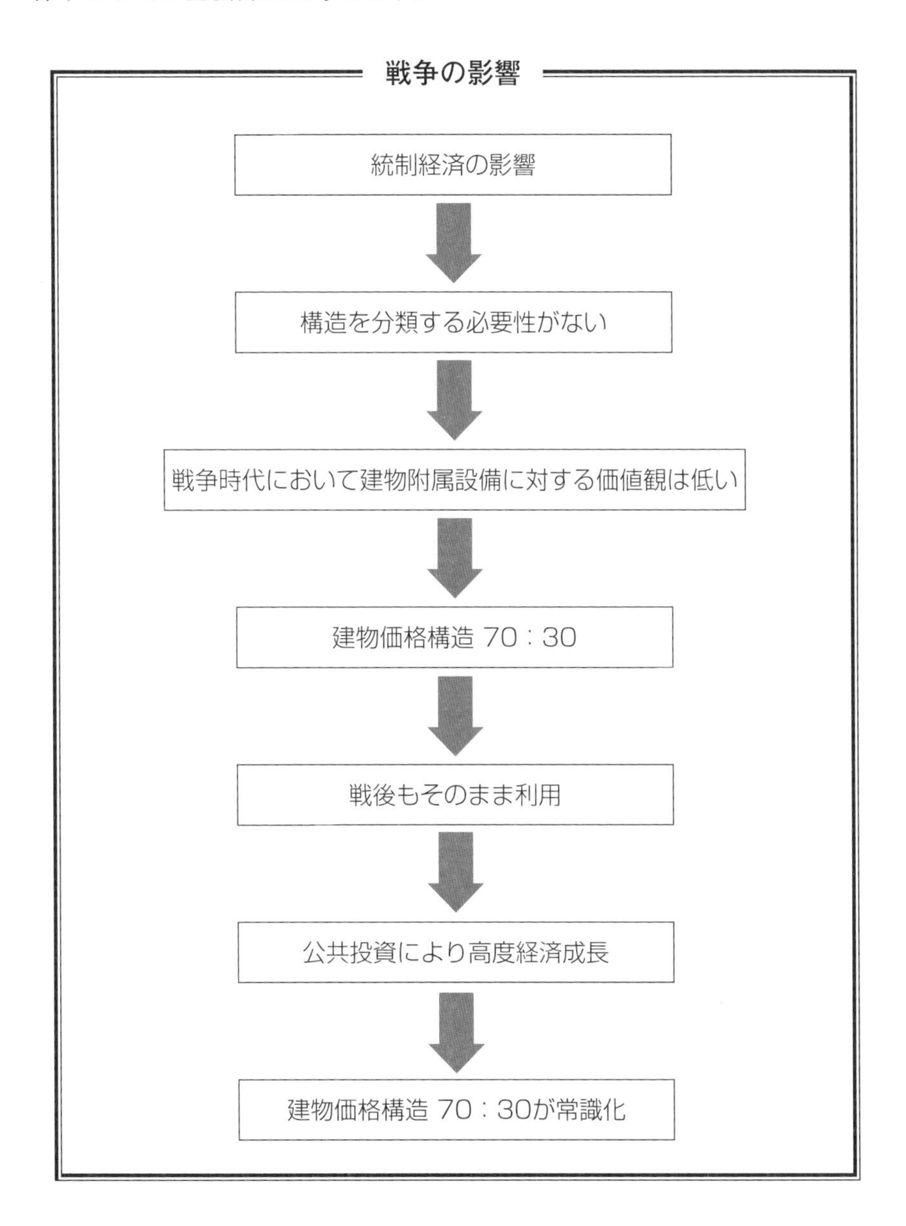

## 51 憲法から考える営業の自由と価格設定

企業が自由に価格を決定することは，憲法のどの条文に規定されているのでしょうか？

詳細に言えば，本書が提示している「価格構造メソッド」のように，1つの商品でありながら，「躯体部分」と「附属設備部分」という2つの商品が内在している場合，どちらにどの程度利益を乗せなければならないということは，憲法で規定されているのでしょうか？　仮に規定されているならば，法人（企業）の人権はどの条文で保障されているのでしょうか？

わが国においては，法人の人権を明確に保障する条文は見当たりません。しかし，経済的自由権は，憲法22条1項「何人も，公共の福祉に反しない限り，居住，移転及び職業選択の自由を有する。」により定められています。

本書で言及している価格構造の変更，つまり企業の利益追求の自由性はどの条文に該当するかを考察すると，「営業の自由」という解釈になります。この営業の自由も，憲法には直接これを保障する規定はありません。したがって，営業の自由なくして職業選択の自由もありえないので，営業の自由は憲法22条1項により保障されると理解するのが通説となっています。

ただし，職業選択の自由は，公共の福祉に反しない限りと限定的に明記されています。公共の福祉は，英語でいうと「The Public Welfare」となります。公共とは市民のことを意味していることがわかります。つまり，市民，国民の福祉のためにならない場合は，職業の自由，営業の自由は規制されるということを意味しています。

国民の自由権を最大限に活用するために，根拠なく過度な比率を使用しない賢さも大切です。時代に適合した適切な知識を身につけていくことが必要になります。

**法人（企業）の人権は保障されているか？**

憲法22条１項

何人も，公共の福祉に反しない限り，
居住，移転及び職業の選択の自由を有する。

解釈の世界

「営業の自由なくして，職業選択の自由も考えられない」という考え方

上記をもって，法人の人権は保障されている

価格構造メソッド

憲法上問題ない

## 52 営業の自由権はどこまで認められるのか

憲法は権力を拘束するものであり，国民の自由を拘束するものではありません。しかしながら，行政はときには政令や省令，通達を用いて国民の自由を抑制することもあります。

仮に国民が裁判で憲法違反であることを主張しても認められないでしょう。なぜなら，二重の基準論というものがあるからです。

二重の基準論とは，裁判所が国の法令などの違憲性を判断するときに使用する基準をいいます。

法令などの違憲性を判断するとき，経済的自由権の規制と精神的自由権（表現の自由，信教の自由，学問の自由）の規制とでは，違憲の判断基準の厳格さが異なります。

つまり，経済的自由権は社会・経済政策と関連しているため，裁判所は違憲であると判断することはできないということです。したがって，裁判所は，立法府に判断を任せるということになり，基本的に違憲判断は出せないということになります。

大嶋訴訟（最高裁大法廷昭和60年３月27日判決）の判示の中で租税法の定立について言及している箇所があります。この部分を見ると「租税法の定立については，国家財政，社会経済，国民所得，国民生活等の実態についての正確な資料を基礎とする立法府の政策的，技術的な判断にゆだねるほかはなく，裁判所は，基本的にはその裁量的判断を尊重せざるを得ないものというべきである。」と論じています。

本書で提示している「建物の価格戦略」は，ISO26000の「社会的責任」を基本にした建設会社のCSRの視点での戦略です。ISOとは最も権威ある国際標準化機構の１つです。この影響力がある機構が定義している「社会的責任」を，企業が事業を通して，どのように責務を果たすのかが重要な課題なのです。

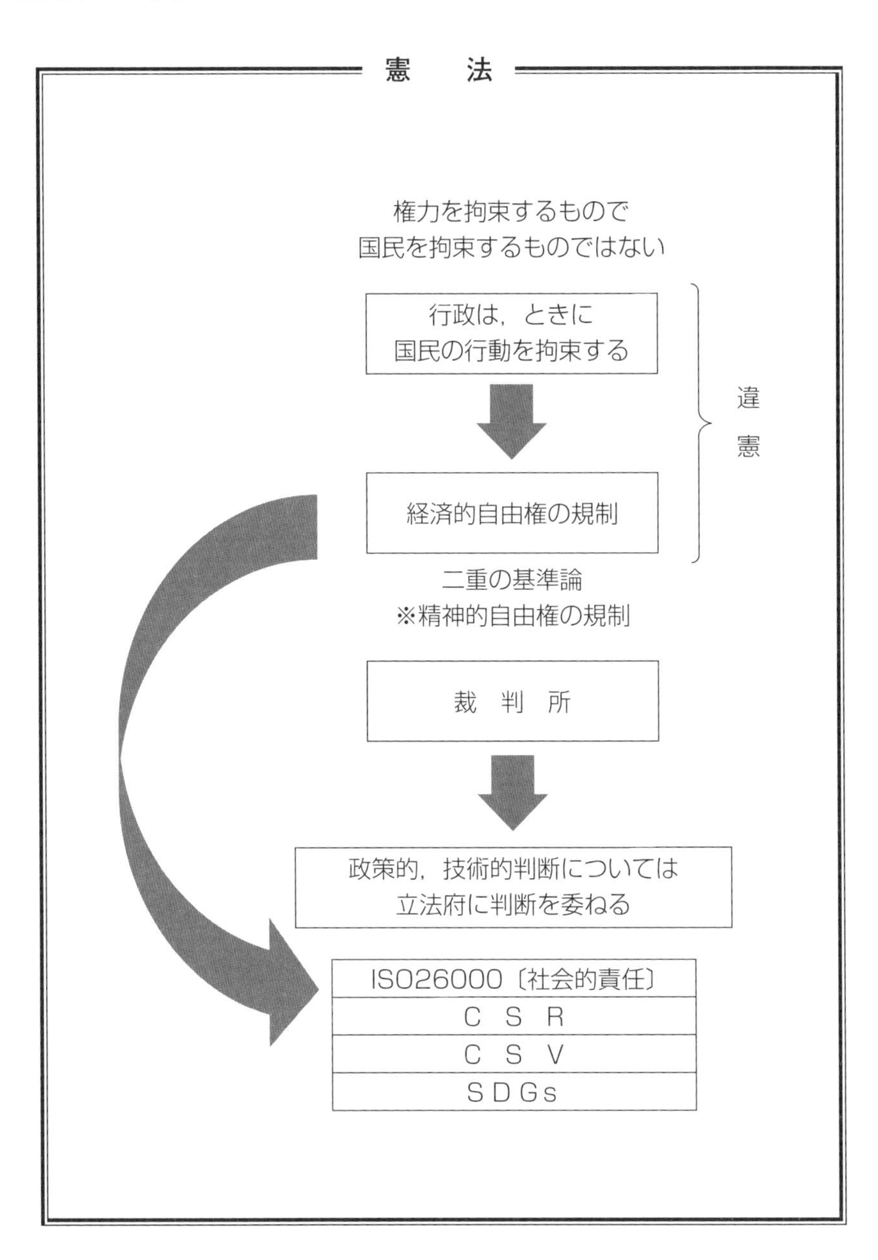
憲　法
権力を拘束するもので
国民を拘束するものではない
行政は，ときに
国民の行動を拘束する
違
憲
経済的自由権の規制
二重の基準論
※精神的自由権の規制
裁　判　所
政策的，技術的判断については
立法府に判断を委ねる
ISO26000〔社会的責任〕
C　S　R
C　S　V
SDGs

## 53 価格構造メソッドと行政

本書の「価格構造メソッド」は，原則的に建設工事請負契約書の一部である工事内訳書に活用されるものであり，私的自治の原則が適応されます。個人間の契約などにおいては自由意志に基づいて国家が干渉してはならないというものです。

個人間の契約において国が強行法規を用いてくる場合とは，民法90条「公の秩序又は善良の風俗に反する事項を目的とする法律行為は，無効とする。」に該当する場合です。つまり，民法90条に抵触するような条項を契約書に含まなければ問題ないと理解できます。

個人と個人の契約について，どの部分に利益を上乗せするかを規定する行政法はありません。したがって，税法上も問題ないと言えます。利益の上乗せの仕方に意義を唱える国は，資本主義社会から追放されても仕方がないのではないでしょうか？

資本主義社会においては，価格は需要と供給によって決まります。価格に口をはさむことができる社会は，計画経済を行ってきた社会主義などの社会です。M.エルマン著，佐藤経明・中兼和津次訳『社会主義計画経済』（岩波現代選書，1982年）によれば，「「計画」経済とは計画目標を達成する経済，と解する向きがある。ソ連では，しかしながら，「計画化」という標識は，経済活動が上からの指令にしたがって進行することだ，と考えられている。」（23頁）と述べています。つまり，価格は，上からの指令によって決まるといっているのです。

仮に，価格構造メソッドについて，わが国が通達によって，または建設業界に何らかの指導的拘束を行うとすれば，これは社会主義国ということになってしまいます。先の「上からの指令」とは，法律ではなく，行政指導も意味するからです。

## 価格と法律

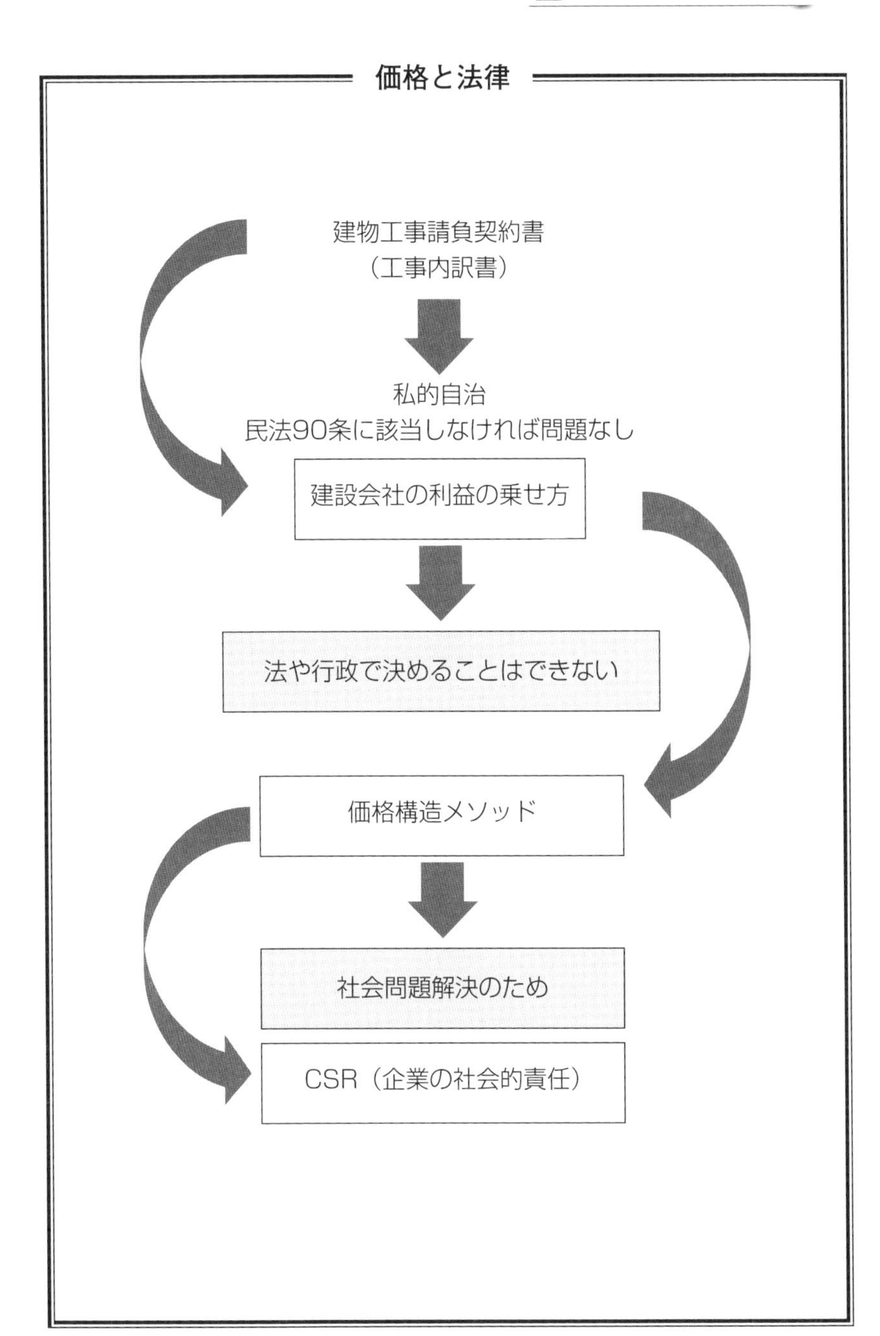
建物工事請負契約書
（工事内訳書）
私的自治
民法90条に該当しなければ問題なし
建設会社の利益の乗せ方
法や行政で決めることはできない
価格構造メソッド
社会問題解決のため
CSR（企業の社会的責任）

## 54 租税法律主義と減価償却

税金は自ら進んで納めるものなのでしょうか？　租税法の大家である金子宏名誉教授は『租税法（第23版）』の中で「租税は，国民の富の一部を強制的に国家の手に移す手段であるから，国民の財産権の侵害の性質をもたざるをえない。」（10頁）と論じています。つまり，税金とは，国家権力によって一方的に国民の財産を取り上げるものともいえます。

このような性質が税法にはあるので，税金の課税や徴収については，必ず法律に基づいて行わなければならいとされています。これを租税法律主義といいます。租税法律主義は憲法84条に「あらたに租税を課し，又は現行の租税を変更するには，法律又は法律の定める条件によることを必要とする。」と規定されています。では法律とは，1つなのでしょうか？　法人税法であれば，法人税法のみで規定されているのでしょうか？

減価償却は，法人税法によって規定されていますが，詳細な部分については政令，省令に委任しています。減価償却の核となる償却方法，法定耐用年数の償却率や償却期間などは，本法には明記されず，政令・省令において詳細に規定されています。政令・省令の変更は，国会決議は必要ありません。すなわち，政令・省令を変更するだけで増税することが可能なわけです。本書で述べている「資本的支出の変更」がこれに該当します。

また，「通達」を考えると税法がもっと変であることが理解できます。税法は行政法の一部です。行政法の入門書を見ると，必ず「通達」とは如何なるものか明記されています。

すなわち「通達」は，上級行政機関が下級行政機関に対して，その職務権限の関係性に基づいて発する命令をいいます。したがって，一般国民には関係のないことですが，税法の世界では「通達」は法律の如く扱われている現状があります。しかしながら，租税法律主義は憲法で謳われている重要な条文なのです。それ故，税法は難しいのです。

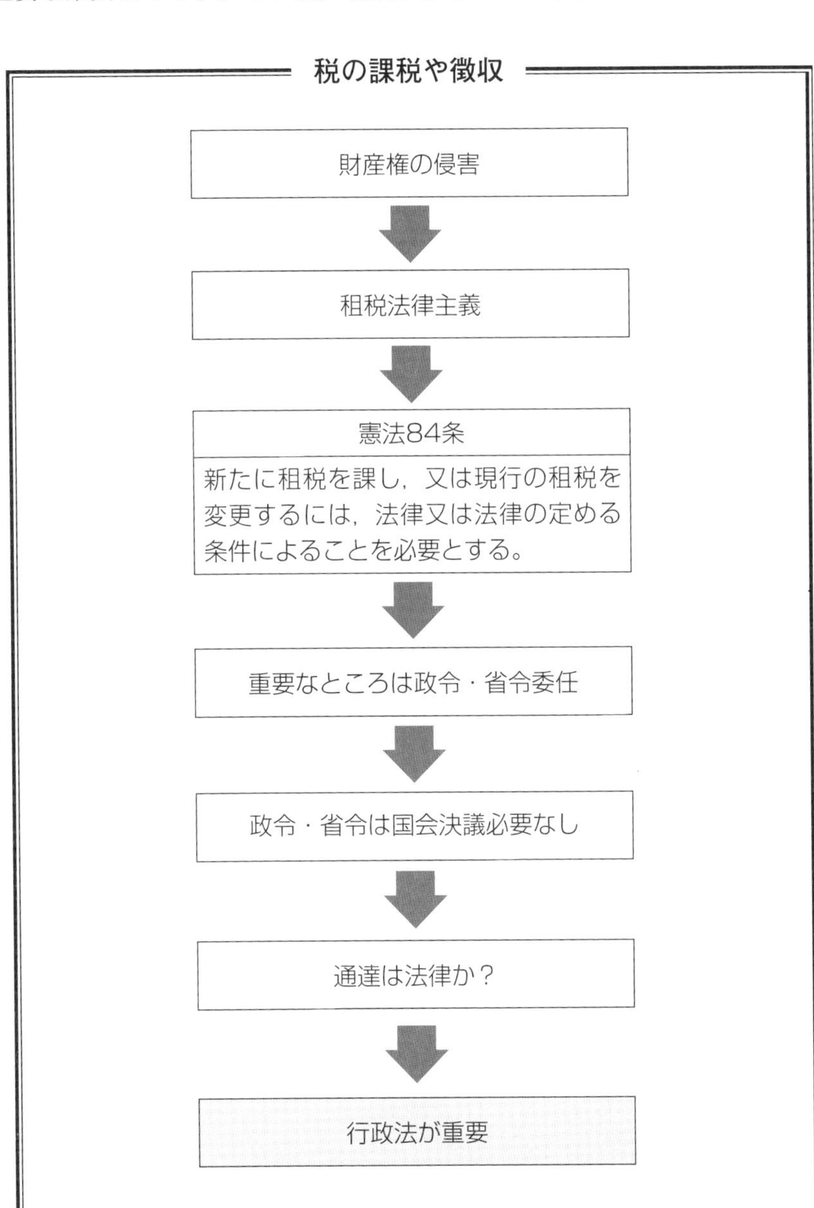

## 55 税務調査と減価償却と適正手続保障

税の問題で企業経営者が最も悩まされるのが税務調査です。

減価償却は法人税法31条にて規定されています。減価償却の損金経理の最重要ポイントである建物と建物附属設備との範囲も法人税法施行令13条に委任されています。この13条では，「一 建物及びその附属設備（暖冷房設備，照明設備，通風設備，昇降機その他建物に付属する設備をいう。）」と資産分類を要求しています。

では，この分類はどの証憑資料から分類するかといえば，工事内訳書から分類することになります。建物と建物附属設備の取得価額の多寡が，法人税等の額に影響を及ぼすことは，既に見てきたとおりです。

したがって，過度に建物附属設備の減価償却費が多いのであれば，税務調査において工事内訳書がチェックされるわけです。税務職員が工事内訳書の建物附属設備の額が過度に多いから訂正しろと言われても，わかりましたと同意してはいけないのです。

なぜならば，法律には適正手続保障があるからです。憲法31条「何人も，法律の定める手続によらなければ，その生命若しくは自由を奪はれ，又はその他の刑罰を科せられない」と定められています。また憲法32条「何人も，裁判所において裁判を受ける権利を奪はれない」と明文化されています。

山下清兵衛弁護士は『法律家のための行政手続ハンドブック』で，憲法31条の「「自由」の中には，財産権行使の自由も含まれる。」（6頁）と論じています。さらに，「憲法31条の適正手続保障は，税務調査などの行政調査のための事業所得等への立入り調査等にも準用される。」（8頁）と論じています。

山下弁護士は，憲法31条の適正手続で重要なのが，「告知と聴聞」であるといいます。税務調査は，行政法の範疇で行われるものですが，多くの納税者はこのことを知りません。

「価格構造メソッド」を活用する際には適正手続保障という行政法の知識を知る必要性があるのです。

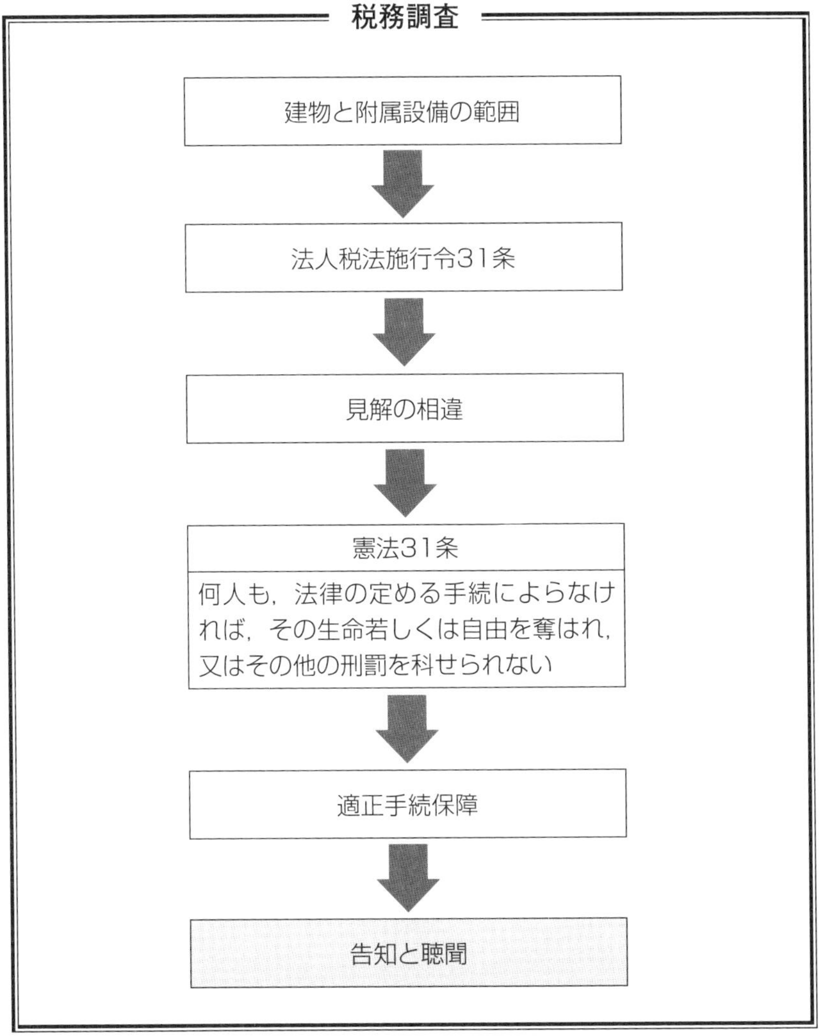

**税務調査**

建物と附属設備の範囲

↓

法人税法施行令31条

↓

見解の相違

↓

憲法31条

何人も，法律の定める手続によらなければ，その生命若しくは自由を奪はれ，又はその他の刑罰を科せられない

↓

適正手続保障

↓

告知と聴聞

## 56 価格構造メソッドによる空き家対策

近年，空き家が社会問題となっています。空き家を何か有効利用できないか，考える必要があるのではないでしょうか？

今回は，土地の上にある建物について考えてみたいと思います。空き家の建物を，どのように活用したらよいのでしょう。空き家の活用方法を考えると，以下の３つが思い浮かびます。

①企業の社宅として活用する。②シェアハウスとして活用する。③民泊として活用する。この①から③の方法を実行しようとすると，空き家を社宅用，シェアハウス用，民泊用にそれぞれの用途に合わせた機能を備えたものに改修工事をしなければなりません。

つまり，居住用物件であったものをコンバージョン（用途変更）してそれぞれの目的に一致したものに作り変える工事が必要となります。

このコンバージョンを行うにあたって大きな障害となるものが，資本的支出に関する会計処理，税務処理です。用途変更は原則的に資産計上し，減価償却によって費用化（損金処理）することが求められています。

このため，用途変更の工事内訳書を教科書どおりに資本的支出の処理をしたら，ビジネスとして採算性はどうなるでしょうか？

上記のような視点で空き屋を購入する企業や事業主は，社会問題化している空き家を活用するのに，税法で縛られるようであれば，事業として成立しないと嘆かわしく思うことでしょう。

そのような際に，価格構造メソッドを活用すれば，より効果的コンバージョンが可能となるわけです。

また，今後「移民」政策が実行されると，海外の人たちの居住の問題も発生します。企業が「移民」の受け入れ先となれば，廃校の建物の部分を購入し，コンバージョンを行い社宅として使用することも考えられます。

そのような際に，旧来の形式の価格設定では，企業は生き残ることができません。何らかの戦略が必要不可欠なのです。

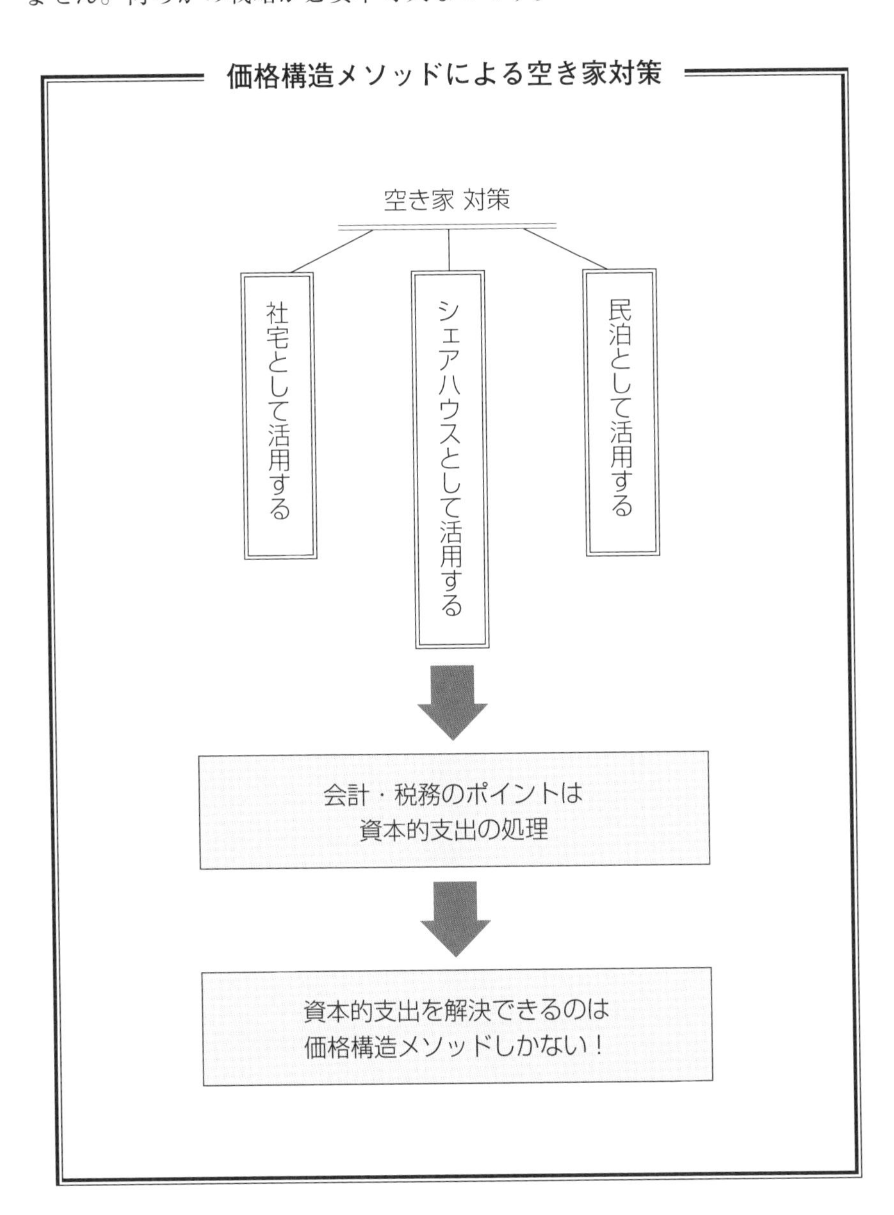

## 57 建設会社の付加価値労働分配率を上げる

ここでは，建設会社の付加価値労働分配率をいかに上げていくか，方法論について考察してみたいと思います。まず，付加価値とはいかなるものか右の図を見てみましょう。

売上高は，変動費と限界利益に分けることができます。限界利益がいわゆる「付加価値」となります。付加価値とは固定費と利益であるということができます。

変動費とは，外部から調達するものです。例えば，材料費や外注費など。つまり，変動費は売上高の増減に比例するものです。企業は通常変動費に付加価値を乗せて販売します。したがって，企業が価値を創造した部分が付加価値（限界利益）となるわけです。固定費は変動費のように売上高の増減の影響を受けることはありません。

しかし，固定費こそ商品価値を上げるものなのです。たとえば，ダイヤモンドを販売することを想定してください。固定費に資金を投入したくないから店舗を構えずに，ダイヤモンドを路上で販売したらどうでしょう？誰も買ってくれません。

一方，おしゃれな店舗でダイヤモンドを販売されたらどうですか？　床にはペルシャ絨毯が敷かれ，天井にはクリスタルシャンデリア，さりげなくダイヤモンドを薦められたら，高額でも購入してしまうのではないでしょうか？

つまり，固定費には価値を高める力があるのです。売上高を上げる力があるのです。ダイヤモンドの例では，店舗を例に出しましたが，固定費の中でもっとも大きい費用は人件費です。価格構造メソッドを使用すれば，顧客のキャッシュアウト（税金）を減少させる効果があるので，その分ワンランク上の建物や設備の提案が可能となります。

すなわち売上高増を目指す戦略が可能となります。そして，重要なことは，売上高が上がったことにより付加価値が増した分は，内部留保に回さずに従業員に還元することです。

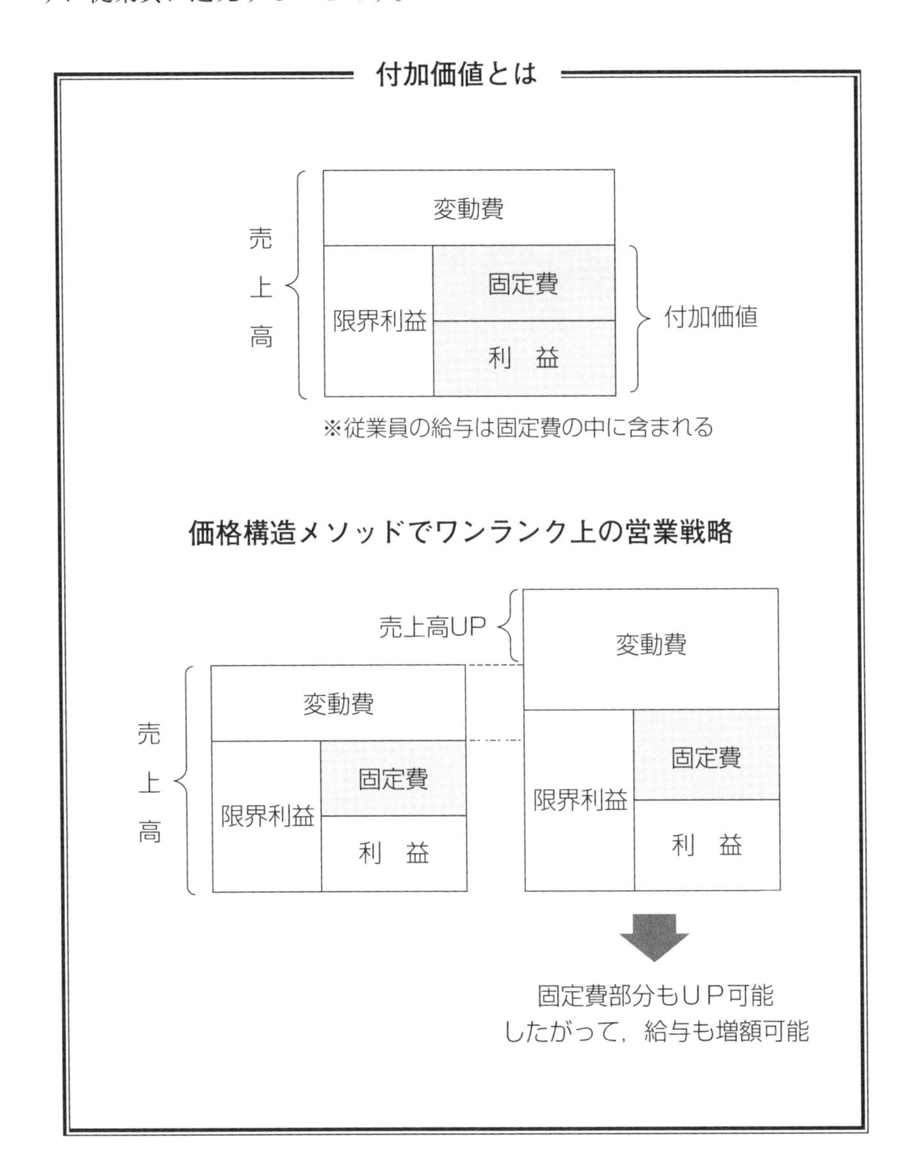


序章 第1章 第2章 第3章 第4章 第5章 第6章 第7章 第8章 第9章 第10章 第11章 第12章 終章

## 58 長期修繕計画書をCSRに活用する

実は建物を竣工した時点で，次の大規模修繕工事においてどのような工事を行うべきか，おおよその計画が立案されています。これを「長期修繕計画書」といいます。

上場企業などの大企業は，建設会社に建物構築を依頼し，引渡しを受ける際に，竣工図一式と長期修繕計画書を渡されるのが一般的です。なぜならば，建物の資産価値を維持するためには，大規模修繕工事が必要不可欠であるという認識があり，その工事費用は決して安価ではないため事前に報告しておくことが重要だからです。

逆に中小企業が建物を建て，完成した際には長期修繕計画書は渡さないのが慣例です。なぜならば，大企業と異なり，今後建物に莫大な費用（大規模修繕工事費用）がかかるとは想定できていないため，仮に中小企業に修繕計画書を渡したら，建設会社に不信感を抱いてしまうからです。とはいえ，中小企業が所有する建物に大規模修繕工事を実施するときは，計画的に行われないというわけではありません。なぜなら，中小企業の大規模修繕工事でも，資金繰りの面や業務に支障が生じないよう効率性を追求する必要性があるため中期修繕計画書などのプラン作成が重要となるからです。

そこで，長期修繕計画書や中期修繕計画書を提示する際に，価格構造メソッドを活用すれば，顧客のキャッシュフローを改善する提案が可能になります。

つまり，所有している建物を末永く使用したいと願い，顧客は保守に力を入れることになります。その際には，価格構造メソッドが役立ちます。

営業する際には，会計や税務の戦略がポイントとなるので，それらの分野に多少知識のあるものを養成しておく必要性があります。

建設会社のホームページにあるCSRを拝見すると，様々な視点から社会貢献を行っていこうという決意がうたってあります。事業を通してさらなる社会貢献が果たせるならば，企業イメージは大いに上がることでしょう。

**長期修繕計画書を活用する営業戦略**

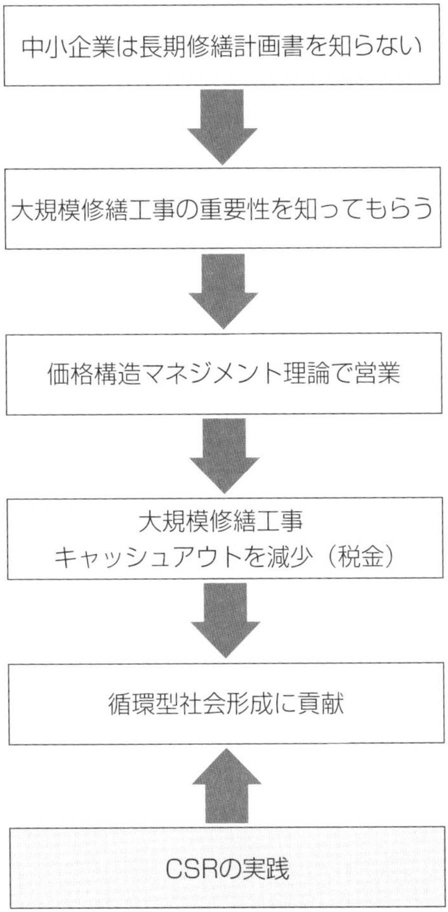

中小企業は長期修繕計画書を知らない

↓

大規模修繕工事の重要性を知ってもらう

↓

価格構造マネジメント理論で営業

↓

大規模修繕工事
キャッシュアウトを減少（税金）

↓

循環型社会形成に貢献

↑

CSRの実践

## 59 店舗の改修工事の場合

価格構造メソッドは，新規の建物にだけではなく，店舗の改修工事（スケルトン購入等）にも使用できるものです。店舗の改修工事は，発注者が特定の建設業会社もしくはリフォーム業者に改修工事を依頼するものです。

したがって，見積工事は１つの工事内訳書に記載されます。内部を造作するにあたって，工事の対象や部位，または設備によって法定耐用年数が大きく異なります。

上記の点を事前に確認することによって，建設会社などに対して，店舗の価値をどこに置きたいか，主張することが重要です。その際に，価値は貨幣価値に評価し工事内訳書に数字に表してこそ価値があることを，声を大にして言わなければなりません。

一般的に発注者は，総工事費用については気にしますが，その内訳については，無関心になり，建設会社にすべて委任してしまうことが多いです。この点を注意すれば，タックスプランニングが上手くできます。

もちろんこの手法は，建物の大規模修繕工事にも活用できます。この際に使用される工事内訳書は，改修工事内訳書になります。この特徴は，撤去費用の金額を表示するということです。

この撤去費用の額は，大規模修繕工事金額の２割から３割もあります。大規模修繕工事の際は，改修工事用の工事内訳書を建設会社に提出してもらうべきです。

同時に，価格構造メソッドを用いて，法定耐用年数の短いものに価値を置きたい旨も，建設会社に主張すると，早期償却が可能となり効果的です。

建設会社にとっては，改修工事内訳書の作成はかなり手間が掛かり，作成を嫌がる場合があります。その際は，工種別内訳書に撤去費用の項目を追加してもらう手法もありますが，価格構造メソッドの方が，より効果を発揮することでしょう。

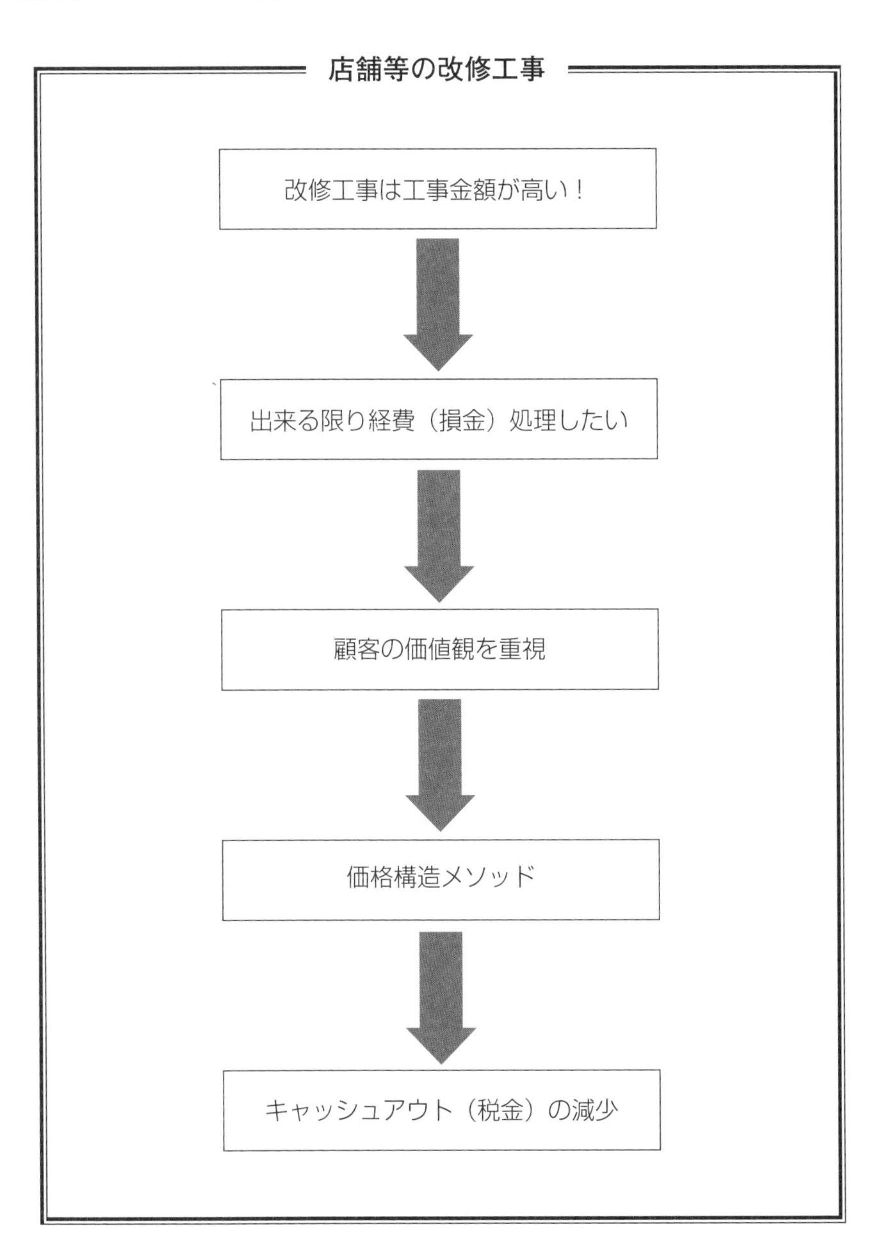
店舗等の改修工事
改修工事は工事金額が高い！
出来る限り経費（損金）処理したい
顧客の価値観を重視
価格構造メソッド
キャッシュアウト（税金）の減少

## 60 復興対策の政策提言 10：90理論

大規模地震などの災害によって被災し，住宅が全壊，または半壊し修繕する資金もないような場合に，被災者支援の1つとして居住用マンション，アパートを建設することが求められます。

仮設住宅もありますが，基本的に造りはさほど良くなく，また期限が7年から10年と被災者にとっては短すぎます。何らかの新たな方法論が必要になります。そこで，大企業や優良企業のCSRとして政策提案をしたいと思います。

それは企業の内部留保または企業の借入によって，被災者用の居住用マンション，アパートの建設です。土地は国有地を借りるか，もしくは企業関連の所有地などから，ただ同然で借りることがベターです。

そしてポイントは，建物を大企業や優良企業または地域の資産家の資金で建てるということです。

その際に，建物における躯体部分と附属設備の価格の比率は10：90にし，建設工事費の90％を15年間で償却します。15年で償却できれば，優良企業や資産家にとってリスクは大きくないと思われます。

家賃は，払える分だけ払う。もしくは払えなければ払わない。ただし，企業には家賃収入は計上してもらう。ただし，払えない人に対しては貸倒れを設定してもらい，調整してもらう。もちろん事前に所轄税務署に相談しておくことが大切です。このような互助の精神が発揮できれば，巨大地震や未曾有の水害・災害を乗り越えられるのではないでしょうか？

歴史を振り返れば，これからわが国は，日本列島全域に巨大地震が発生する可能性が非常に高いです。また，巨大低気圧などにより水害が毎年頻繁に起きている事実があります。そのような中で，被災者の多くは，銀行からの融資も受けられず悲惨な生活を余儀なくされることになるでしょう。

だからこそ，優良企業や大企業が銀行から融資を受け，被災者の居住場所を提供することが重要と考えるものです。

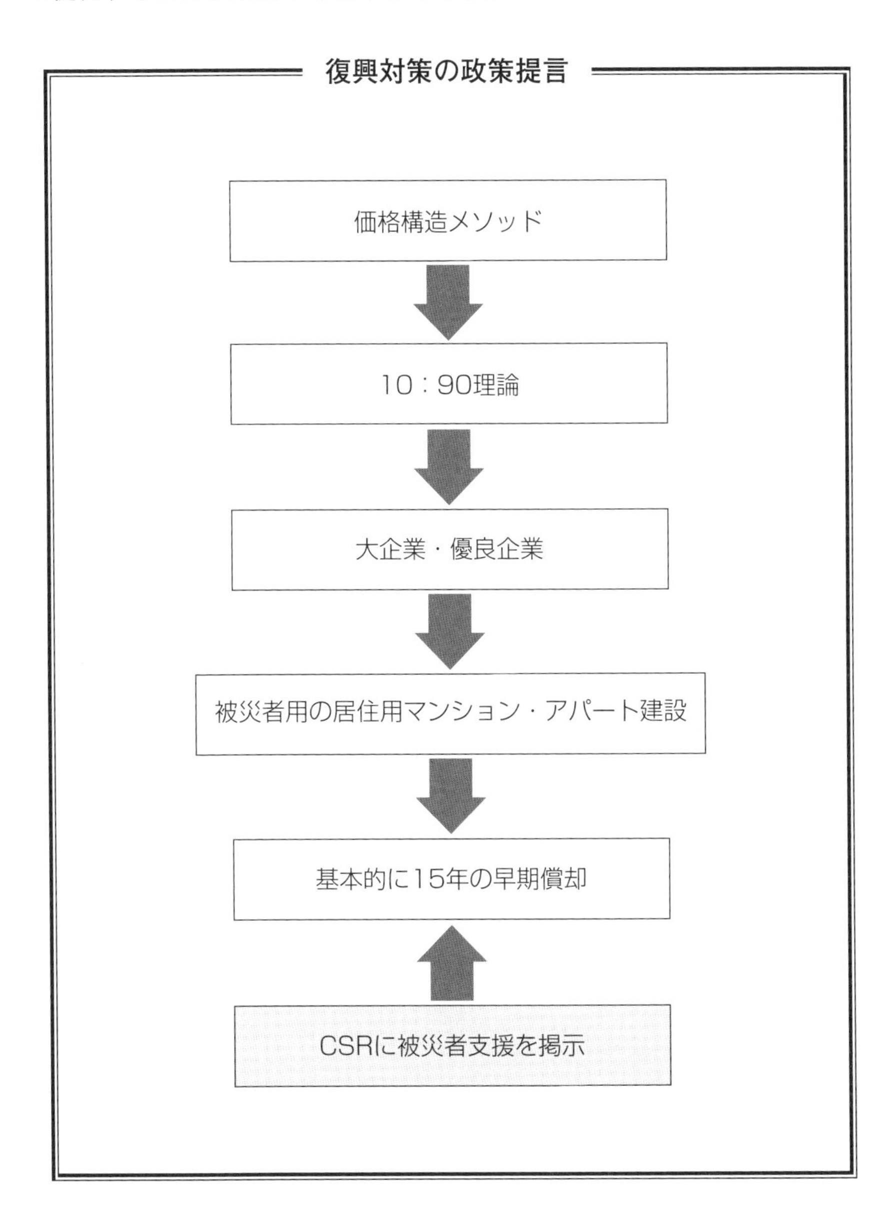

## 61 生命保険を修繕積立金として活用する考え方

建物を所有している企業の方々の多くの悩みは，建物の修繕積立金をどのようにして確保したら良いかという問題です。大規模修繕工事の額は，かなり高額になります。この工事金額を修繕積立金として経費処理しても税法では損金として認められません。

建物にとって大規模修繕工事は建物の価値を維持するために必要不可欠な工事であるため，修繕費を効果的に建設的に積み立てることは，重要です。企業にとって生命保険の利便性は，保険料を経費処理（損金処理）でき，同時に保険料を積立する機能（解約返戻金）を備えているからに他なりません。この生命保険の特徴は，修繕積立金に活用できるものです。

平成31年に国税庁の通達行政によって，損金枠が非常に狭められることになりました。このことによって保険料の多くを損金処理することが難しくなりました。しかし，生命保険を修繕積立金に活用する場合を考えますと，それほど大きな問題ではないのです。損金処理できるということは，損金処理した部分に該当する解約返戻金は雑収入として戻ってくるため，課税対象になります。課税対象になるのであれば，それに対応する損金を作り上げる必要性が出てきます。大規模修繕工事において損金性を考えることは，建築の専門知識が必要になるため手間がかかり，逆にコストもかかり中小企業には不向きです。

したがって，今回の生命保険の取扱いの改正は，中小企業にとっての修繕積立金の活用においては，なんら問題ないと考えます。価格構造メソッドを生命保険に活用することのメリットの方が，格段に価値があると思います。

価格構造メソッドを活用した生命保険の修繕積立金は，建物の知識のない生命保険販売員やフィナンシャル・プランナーの方々でも，簡単に提案できる方法だからです。

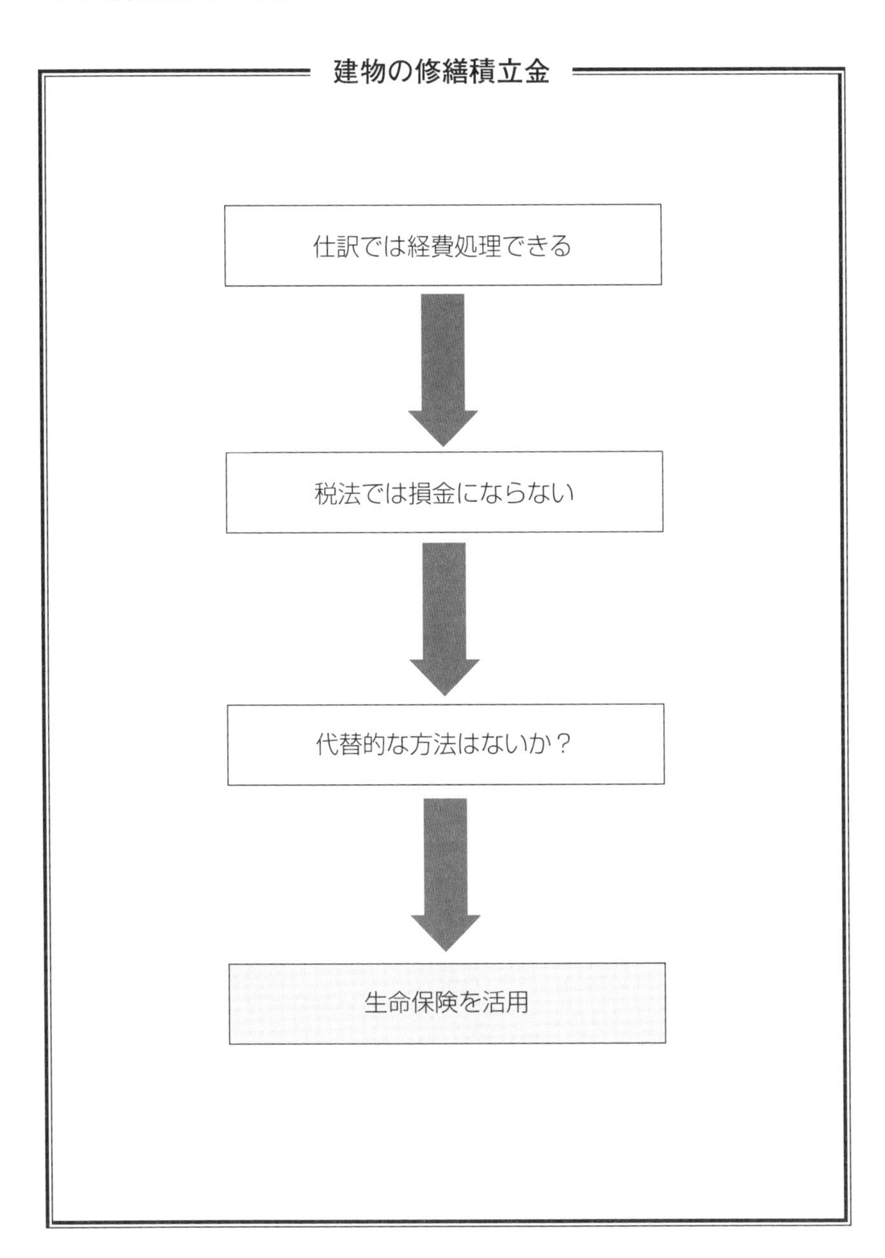

## 62 「価格構造メソッド」による生命保険活用法

中小企業は大企業と異なり，大規模修繕工事を定期的に行わず場当たり的に実施することが多いのです。このことは，中小企業の大規模修繕工事は建物のバリューアップという概念が希薄であることを示しているともいえます。

したがって，大企業が実施する大規模修繕工事に発生する一部除却損は，中小企業においては多くを期待することは難しくなります。この点を考慮して，中小企業の大規模修繕工事に使い勝手の良い生命保険活用法が望まれています。この点に着眼したものが「価格構造メソッドによる生命保険活用法」です。

基本的に中小企業の大規模修繕工事の主たる目的は，建物附属設備の交換です。具体的にいえば，冷暖房設備，空調設備などです。したがって，交換費用分の額を解約返戻金で調達できれば良いのです。この交換にかかる費用の見積りは，簡単に行うことが可能です。

価格構造メソッドでは，顧客の価値観を反映することにより，建物附属設備の取得原価が通常よりアップします。このため減価償却費が通常より毎期多く計上されるので，大きな問題はないのです。

建物のバリューアップを盛り込んだ大規模修繕工事であれば，建物の一部除却損と生命保険の雑収入を相殺する方法が効果的です。しかし，国税庁の通達行政により生命保険料の損金計上がわずかしか認められなくなった現在では，一部除却損と生命保険の解約返戻金における雑収入を相殺するやり方は効果的とは言えません。

その点「価格構造メソッド」であれば，建物附属設備の交換資金を生命保険で確保するという簡単な考え方なので，建物の知識がない保険の営業担当者やファイナンシャル・プランナーでも，たやすくプランニングできるのではないでしょうか。

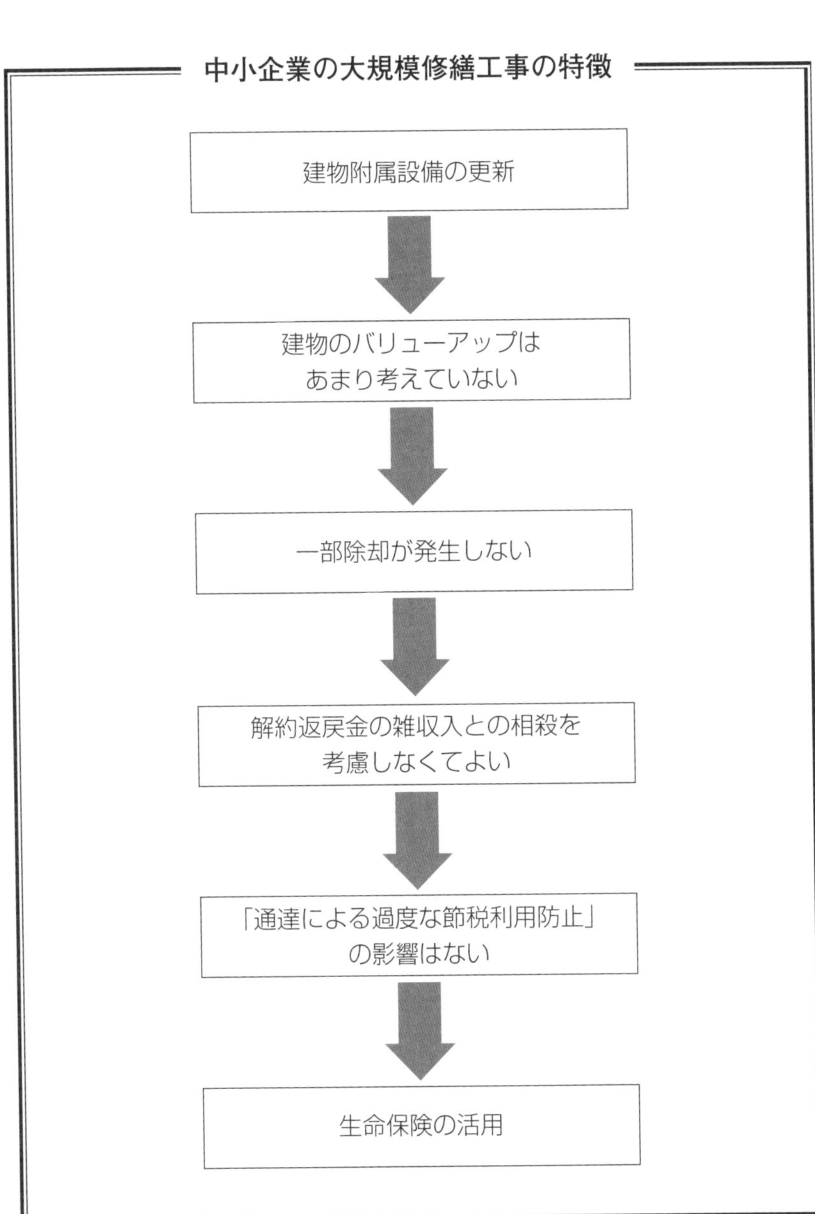

## 63 災害時には生命保険を地震保険として活用する

平常時には生命保険を修繕積立金としていたものを，いざ災害が起きた場合は，緊急時の資金不足を解消するために地震保険の代わりに活用します。

地震保険の目的としての機能は，企業への「資金調達」の実現です。生命保険には，商品にもよりますが，解約返戻金という貯蓄性のある商品があります。この解約返戻金を契約者貸付制度というものを利用して，企業は生命保険会社から資金調達ができます。まさに，生命保険は地震保険の機能を兼ね備えているといえます。そして，この保険料は，損金処理ができるため，財務的にも効果的です。

生命保険は，解約返戻金という貯蓄性と損金性を備えているため，平常時には修繕積立金として活用でき，災害時には地震保険の代替保険として効果を発揮するものであるといえます。

企業向けの地震保険も存在はします。しかし企業向けの地震保険は，中小企業には不向きです。理由は，あまりに保険料が高額なためです。基本的に企業向けの地震保険は，政府の責任負担はありません。つまり，保険金は民間レベルで全て調達することになるので，引受マーケットも限定されます。なぜなら，日本は地震大国であることは世界で有名です。そのため，おのずと保険料は高額になってしまいます。

そのような背景から，火災保険などの補償範囲を拡張する「拡張担保特約」というものがあり，地震拡張担保特約というものもあります。これは中小企業をターゲットにしています。

地震があるごとに，マスコミは今後30年間に巨大地震が来る確率を報じます。当然，保険料は高額にならざるを得ません。つまり，企業向けの地震保険は，企業にとって使い勝手が良いものであるとは言えません。

## 代替的地震保険としての生命保険活用法

生命保険の機能

契約者貸付制度
死亡保障

地震保険の目的

資金調達

資金調達を解約返戻金で行う

保険料は税法において一部損金処理が可能

保険料の積み立てを地震保険の代わりに使用する

平常時は大規模修繕工事のための
修繕積立金として使用

## 64 生命保険活用法の行政的根拠と損金算入割合

次に生命保険を修繕積立金に使用できる根拠を見てみましょう。この点については，法人税基本通達９－３－４，９－３－５において，法人が自己を契約者とし，役員又は使用人（これらの者の親族を含む）を被保険者とする生命保険で，死亡保険金の受取人が当該法人の場合の処理の仕方が明確に示されています。

### 損金算入割合が大きく縮小されても問題はなし

生命保険を退職金や資産に活用するメリットは，支払保険料を損金計上でき，法人税等を圧縮する効果が大きかったからです。しかし，当局に過度な節税と見做され，損金算入枠が縮小されました。

どのように縮小されたかというと，解約返戻金の返戻率により規制されることになったのです。これまでの解約返戻金の返戻率は，85%以上は当然のごとくあり，その際の保険料の損金と認められる枠は，100%でした。もちろん保険の種類と被保険者の年齢にもよります。しかし，今回の通達行政により，10%しか損金に認められなくなったのです。恐ろしい程の変更です。

しかし本書で提案する方法論では，別段にこの変更に左右されるものではありません。なぜならば損金枠率が高いということは，解約返戻金として戻って来た場合，損金部分に計上したものは雑収入として課税されるからです。価格構造メソッドを活用した保険戦略は，基本的に大規模修繕工事の資金を生命保険で調達するスキルのため，損金枠が大きいと逆に課税されてしまいます。

したがって，基本的に生命保険に関係している人たちが騒ぐほどの悪影響は，本書提案スキルは受けないものと考えます。

## 生命保険の解約返戻金活用術

**生命保険の特徴**

・保険料の一部を税法において損金処理ができる
・解約返戻金がある
・死亡保障

**理想的な修繕積立金**

・大規模修繕に係る費用を確保したい
・税法において損金として処理したい

生命保険

修繕積立金の代わりに解約返戻金を使用する

| 保険料は税法において一部損金処理が可能 |
| --- |
| 保険料の積み立てを修繕積立金として使用可能 |

## 65 代替的地震保険としての生命保険活用法

中小企業にとって震災時の資金調達は，重要な課題です。大企業であれば，銀行からの資金調達も簡単でしょうが，中小企業にとって，金融機関からの緊急融資は非常に困難を伴います。

企業向け地震保険は保険料が高額なため，大企業ですら部分的にしか地震保険に加入していないのが現状です。中小企業には資金的にそのような体力がありません。そこで，地震保険の代替的な保険として生命保険を活用したリスク・マネジメントをお話しします。

先程，大規模修繕工事の工事費用を生命保険で積立てる方法について説明しました。実は，この修繕積立金としている生命保険が災害時に役に立つのです。

日本政府が推奨している地震保険の対象は，住宅及び生活用動産に限られます。事業を営んでいる企業は，この地震保険には加入できないことは，あまり知られていません。

地震保険の目的は，被災者の生活の安定のためとうたわれていますが，被災者の収入源である企業には適用できないのです。

地震保険の上限は建物5,000万円，家財1,000万円と定められ，火災保険の保険金額の30％から50％の範囲内で設定するということから，被災したら住宅を再構築できないという点については，知られるようになってきました。つまり，地震保険で支払われる保険とは，当座の資金ということです。当座の資金として活用できるものを，積み立てておくことが重要なのです。つまり，生命保険の解約返戻金がこれに該当するのです。

また，地震保険が安全だと言われる由縁は，政府が責任負担するという理由からです。しかし，政府と民間の責任負担額には上限があり，地震保険で支払われる限度額は約11.7兆円です。この限度額を超えた場合，地震保険も，紙くずになる恐れがあります。

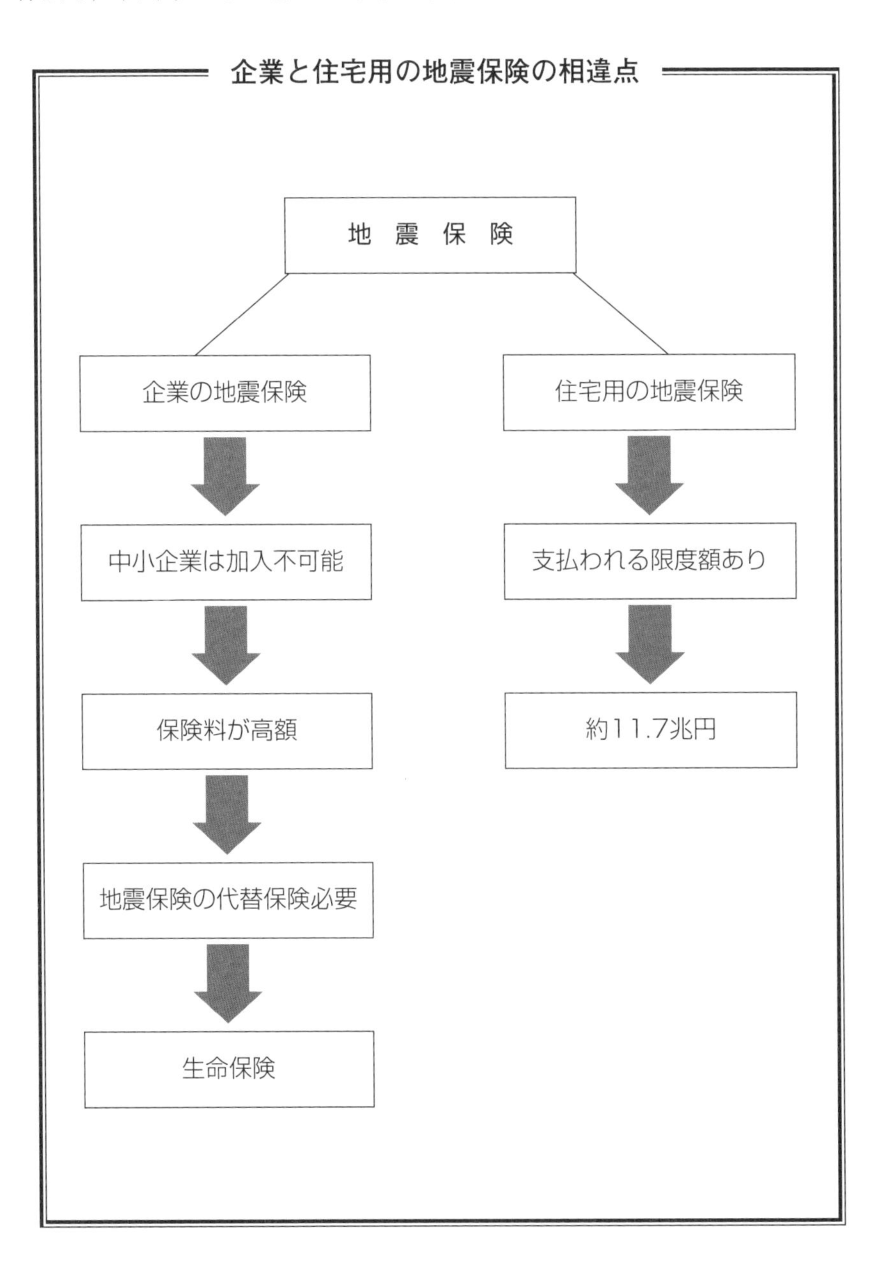

## 66 生命保険の選定ポイントと解約返戻金とは

地震保険や修繕積立金に適している生命保険を選定するポイントは，2点あります。第1に解約返戻金が厚い（厚い＝企業が必要とする額）ものです。理由は，平常時においても，災害時においても，生命保険の活用すべき部分は，解約返戻金の部分を活用するためです。

第2に，損金性があるということです。損金性とは，税法上損金（経費）として認められ，税額（税金を減少させる）に影響を及ぼすものです。解約返戻金が厚く，同時に損金性のある保険が良いでしょう。

しかしながら，損金性については，先程言及したとおりです。

保険料の支払をすることによって，積み増した部分をいい，簡略的にいうと貯蓄のようなものです。ただし，貯蓄ではありますが，契約者貸付制度を使用して保険会社から借りると，利息の支払が発生します。

解約返戻金は解約した時点で契約者に戻ってくるものであり，その意味では解約返戻金は契約者のものですが，解約せずに期中に借りると利息が発生します。この解約返戻金は，保険料の支払ごとにどの程度の金額になるかが，保険会社のシミュレーションによって把握することができます。そのため，修繕積立金のように予定工事日に必要な資金を想定して積み立てることが可能になります。

地震保険や修繕積立金の代わりに生命保険を活用する場合の生命保険の掛け方は，非常に重要です。保険の目的は，企業防衛にあります。不慮の災害から企業を守るため，そして売上拠点である建物資産を末永く使用していくためです。

したがって，生命保険の契約者は法人（企業）にします。また，被保険者は役員や従業員になります。そして受取人は法人（企業）にします。また，保険料をより低く抑える方法論としては，被保険者の年齢を低く設定すればするほど，保険料も低く抑えることができます。

**契約者貸付制度の資金の流れ**

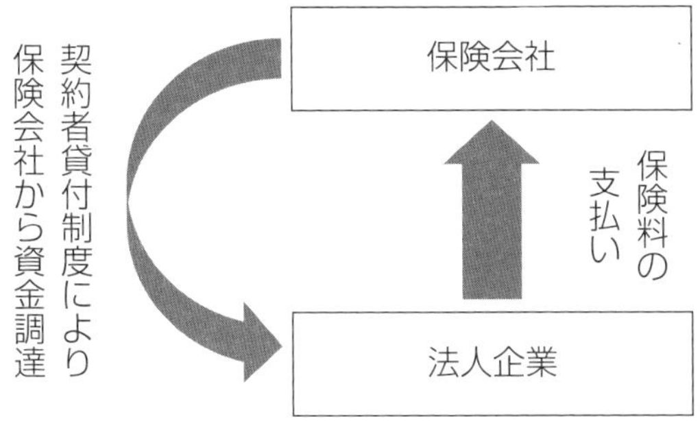

**保険契約の形態**

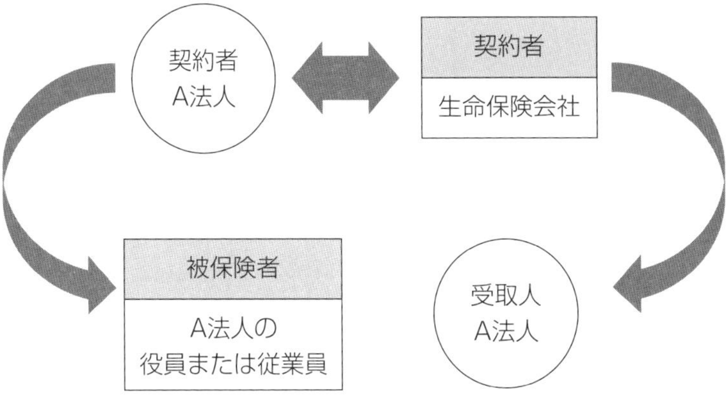

## 67 建物の工事費構成

次に建物の工事費はどのような工事費構成になっているのか確認します。右の図を上から順に見てください。[illegible]の直接工事費というものは，建築工事費と設備工事費とを合算したものです。この直接工事費を基に，間接費が加算されていきます。間接費が加算されるごとに工事費の呼び名が変わってきます。

つまり，直接工事費に共通仮設費（間接費）を加えたものを純工事費と呼び，純工事費に現場経費（間接費）をプラスしたもの工事原価と呼び，工事原価に一般管理費（間接費）を加算したものを工事価格と呼ばれます。さらに工事価格に消費税率を掛けた合計額が工事費となります。

ここで大事な点は，建物の工事費は，多くの間接費が加算されてできているということです。間接費とは具体的にどのようなものか，確認しておきましょう。

共通仮設費とは，工事をする際に必要な準備費用のようなものです。トイレ，搬入路造成費，足場，安全管理費，ガードマンなどの保安警備費，仮設に必要なものを運ぶ運搬費などのことをいいます。

現場経費とは，現場に配属されている職員の給与手当，法定福利費，福利厚生費，事務用品，諸保険費，打ち合わせ費用などです。

最後に一般管理費とは，工事とは直接関係はありませんが，建設会社が存続していくために必要な経費です。ここには建設会社の利益も含まれます。これらの間接費は少ないものではありません。これらの間接費は，本来は建物と建物附属設備に配賦する必要性があるのです。この点は，減価償却費の額に影響を及ぼす重要ポイントとなりますので，改めて説明します。

これらの間接費を含めたものが工事費となるわけです。そして顧客からすると，工事費が減価償却費を計算するにあたって重要な項目である取得原価の大本となるわけです。

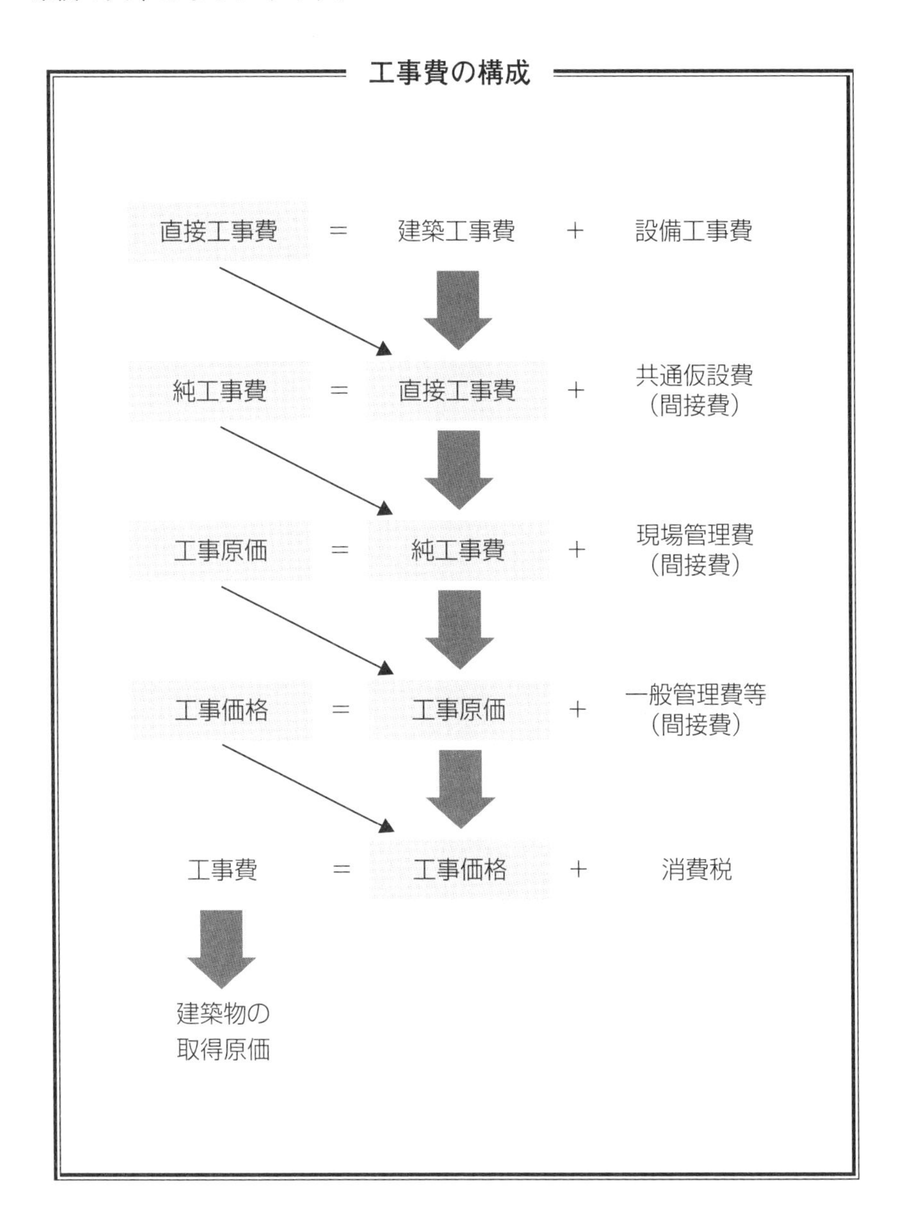

## 68 直接工事費とは

それでは，工事費構成の基本となる直接工事費とは，どのような費用なのか見ていきます。右の図「直接工事費（建築工事費と設備工事費）」をご覧ください。直接工事費は建築工事費と設備工事費から構成されていることは，先程確認しました。

建築工事費は，１から13の科目のように分類されることになります。この分類の順序は，おおむね工程順に示されています。ここでは建築工事費には，どのような工事が含まれているかを知ることが重要です。内容的には，土工事があり，躯体工事があり，仕上工事があります。

一方の設備工事費は，電気設備工事，空調設備工事，給排水設備工事，昇降機設備工事など，比較的想像しやすい工事となります。

そして，建築工事費と設備工事費に間接費をプラスし，消費税を乗せたものが，建物の価格となります。その際に間接費は，基本的に直接工事費である建築工事費と設備工事費との按分計算より配賦することになります。したがって，建築工事費と設備工事費が同じ金額であれば，間接費の総額は，２分の１ずつそれぞれの工事費に加算されるということになります。

## 直接工事費（建築工事費と設備工事費）

- 直接工事費
  - 建築工事費
    1. 直接仮設
    2. 土工事
    3. 杭工事
    4. 鉄筋工事
    5. コンクリート工事
    6. 防水工事
    7. タイル工事
    8. 木工事
    9. 金属工事
    10. 左官工事
    11. 建具工事
    12. 硝子工事
    13. 塗装工事など
  - 設備工事費
    1. 電気設備工事
    2. 空調設備工事
    3. 給排水設備工事
    4. 昇降機設備工事
    5. その他

## 69 高額な大規模修繕工事費用

建物は，躯体に関しては100年間の使用耐用年数があることは建築業界の常識となっています。それでは，建物附属設備の使用耐用年数は何年なのでしょうか？

基本的に15年ないし20年です。

したがって，建物は100年間使用するためには，建物機能（電気設備，空調など）を20年前後ごとに更新する工事が必要不可欠であるということです。この工事の際に効率を考慮し，建物機能以外の道連れ工事も行われます。これらの工事を称して大規模修繕工事といいます。

建物を所有している企業が大規模修繕工事に支出する金額は，建物竣工時における初期投資の50％と高額です。例えば50億円で建物を建てた場合，大規模修繕工事に25億円の金額をかけることになります。

このような高額な大規模修繕工事費ですから，これらの一連の工事費をどのように会計処理するかが重要となります。

はじめに大規模修繕工事に支出する金額が初期投資の50％である根拠を確認します。工学博士で大成建設FM推進部長であった大沢幸雄氏は，著作『建物の「除却」活用法』（中央経済社，2008年）にて社団法人建築・設備維持保全推進協会の事務所ビル（延床面積5,700㎡）のライフサイクルコストで以下のように論じています（73頁）。

「100年間使用した場合は，建設費（新築時の建設費です。）がライフサイクルコストの13.6％であるのに対して，修繕費（9.5％）と更新費（18.7％）を足した修繕・更新費が28.2％となり，建設費の２倍強に達しています」。修繕・更新費とは大規模修繕工事に該当するものです。

つまり，建物の初期投資より建物を維持するための費用の方が，２倍強も費用が掛かるということです。詳細なデータで検証したい読者は，前掲書を参照してください。

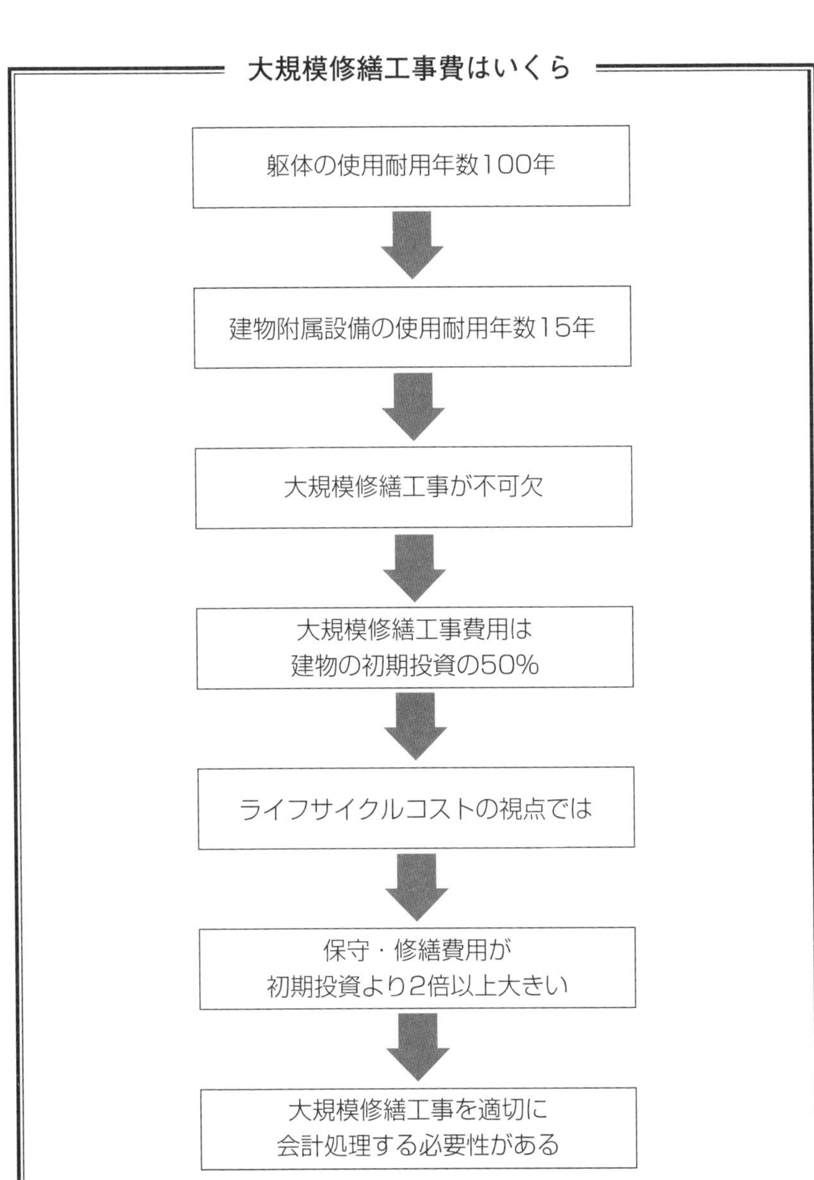
大規模修繕工事費はいくら
躯体の使用耐用年数100年
建物附属設備の使用耐用年数15年
大規模修繕工事が不可欠
大規模修繕工事費用は
建物の初期投資の50%
ライフサイクルコストの視点では
保守・修繕費用が
初期投資より2倍以上大きい
大規模修繕工事を適切に
会計処理する必要性がある

## 70 工種別内訳書とは

工種別内訳書とは，一般的に使用されている工事内訳書のことをいいます。工事内訳書は，工事費用を会計処理するにあたって重要な証憑資料となります。

それでは，この工種別内訳書とは，どのような特徴があるのか，右の図「工種別内訳書の例示」を見ながら確認します。工種別内訳書は，基本的に建築工事費と設備工事費の２つに分類し，その下に共通仮設費，現場経費，一般管理費が分類されます。工種別とは，工程順に直接関係する材料・労務・外注・機器・運搬等の全てを１つの科目に集計・計上するものです。

専門書によれば，建設会社の利益は一般管理費に含まれて計上されていると明記されていますが，これは原則的な話であり，それが事実かどうか確認する術はありません。

建物を購入した際には，この工種別内訳書を基に，建物の取得原価と建物附属設備の取得原価の算定を行います。もちろん，間接費も建築工事費の合計額と設備工事費の合計額を基に配賦して，それぞれの基本になる取得原価を決定することになります。

ここで重要な点は，建設会社の取り分である利益も間接費である一般管理費の中に計上されているという点です。本来，利益は企業の自由に任せるべきものです。どの部分に利益をいくら乗せようが自由であるはずです。

価格構造メソッドの視点で，利益の乗せ方を考えると，建設会社の自由であるということです。

したがって，利益については，建築工事費と設備工事費の按分計算から配賦する必要はないということです。しかしながら，建設会社は取り分の利益を明示していないため，その他の間接費と同様な手続により按分計算により配賦することになりかねません。この点を根本から是正する理論が，価格構造メソッドなのです。

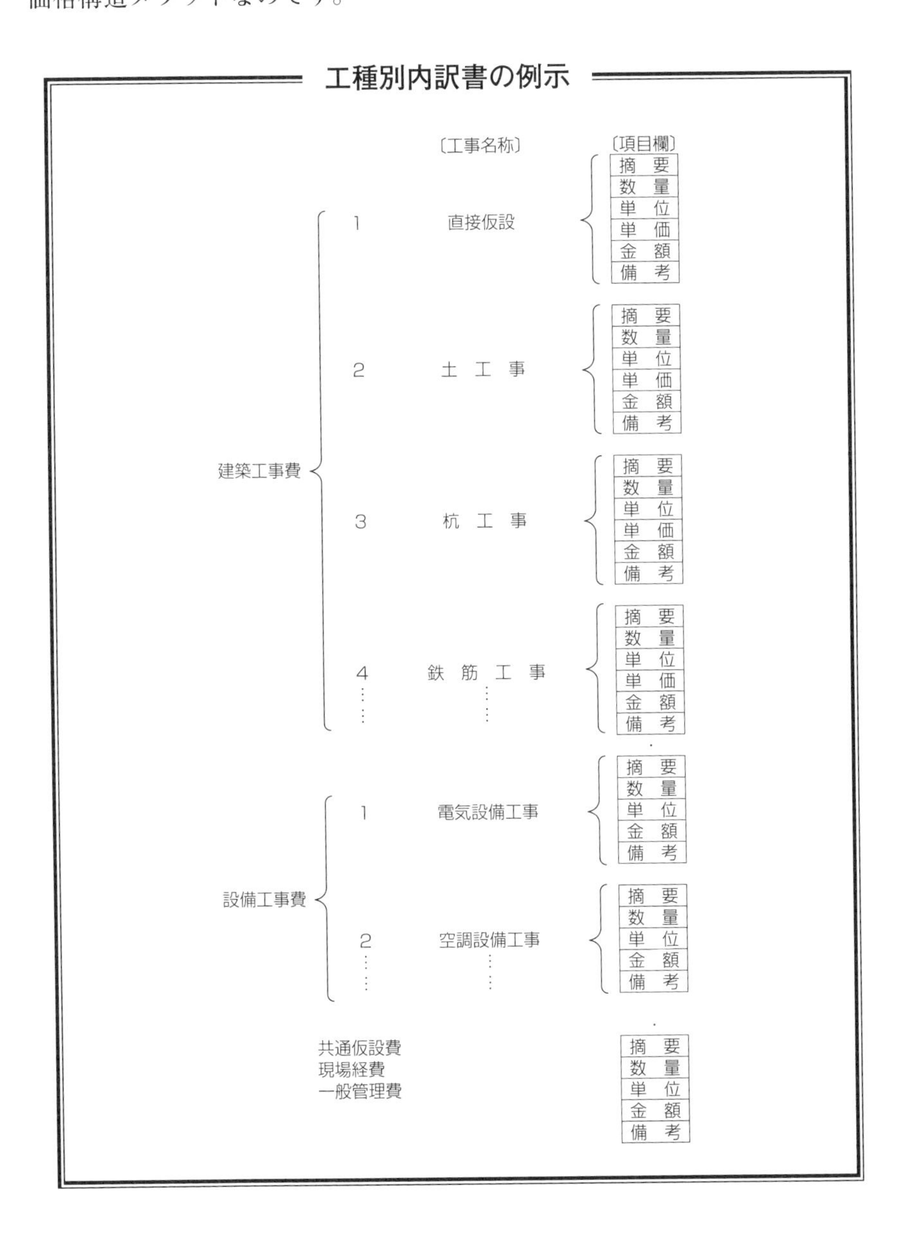

## 71 大規模修繕工事の工事内訳書とは

大規模修繕工事には，改修内訳書標準書式という特別な工事内訳書を使用することが求められています。改修内訳書が作成された動機は，それだけ改修工事[16]が特殊であるからです。

それでは，改修内訳書とはどのようなものか，見てみましょう。右の図「改修工事の工事内訳書の例示」をご覧ください。

改修工事内訳書は，基礎工事，躯体工事以外が改修工事の対象になります。したがって，　　　の部分が改修工事の対象となり，1．防水改修工事，2．外壁改修工事，3．建具改修工事，4．内装改修工事，5．塗装改修工事，6．耐震改修工事など，工事の内容が科目として設定されることになります。

特筆すべき点は，それぞれの改修工事には，必ず撤去工事がはじめに記載され工事金額が明記されます。つまり，改修工事は，工事の工程として「撤去（除去）工事→新設（加算）工事」という不文律的順番があるということです。

つまり，改修工事は，旧部位を撤去（除去）したのち，改修工事（新しい部位にする）を行うわけです。この撤去とは，旧部位を撤去（除去）するための費用です。理論的に考えれば，撤去（除去）した対象物は，資産として計上されている建物等の一部分であることは理解できるところです。

つまり，大規模修繕工事において，建物勘定の計上されている部分を撤

16　建築数量積算基準・同解説によれば，建築物等の躯体の保護及び建物機能や意匠の回復のための模様替え，修繕及び補修等をいう。模様替えとは，建築物の仕上，造作，装飾などを改めることをいう。修繕とは，劣化した建築物又はその部位，部材あるいは機器の性能又は機能を現状あるいは実用上支障のない状態にまで回復させることいい，模様替え，補修等を包含する。補修とは，建築物の一部又は全面が損傷・劣化した場合，それを原形に復し，建設当初の形状，外観，性能，機能に回復させることをいう。

去した場合，撤去対象の未償却残高を貸借対照表からマイナスしなければ，架空資産が発生してしまうということです。いわゆる粉飾決算になってしまうのです。

架空資産を発生させない方法が，一部除却という会計処理です。しかし，この一部除却を行うためには，高度な専門知識と技術を要するため，簡単にはできません。そこで，本書で提案している価格構造メソッドは，架空資産の額を縮小させる方法論なのです。

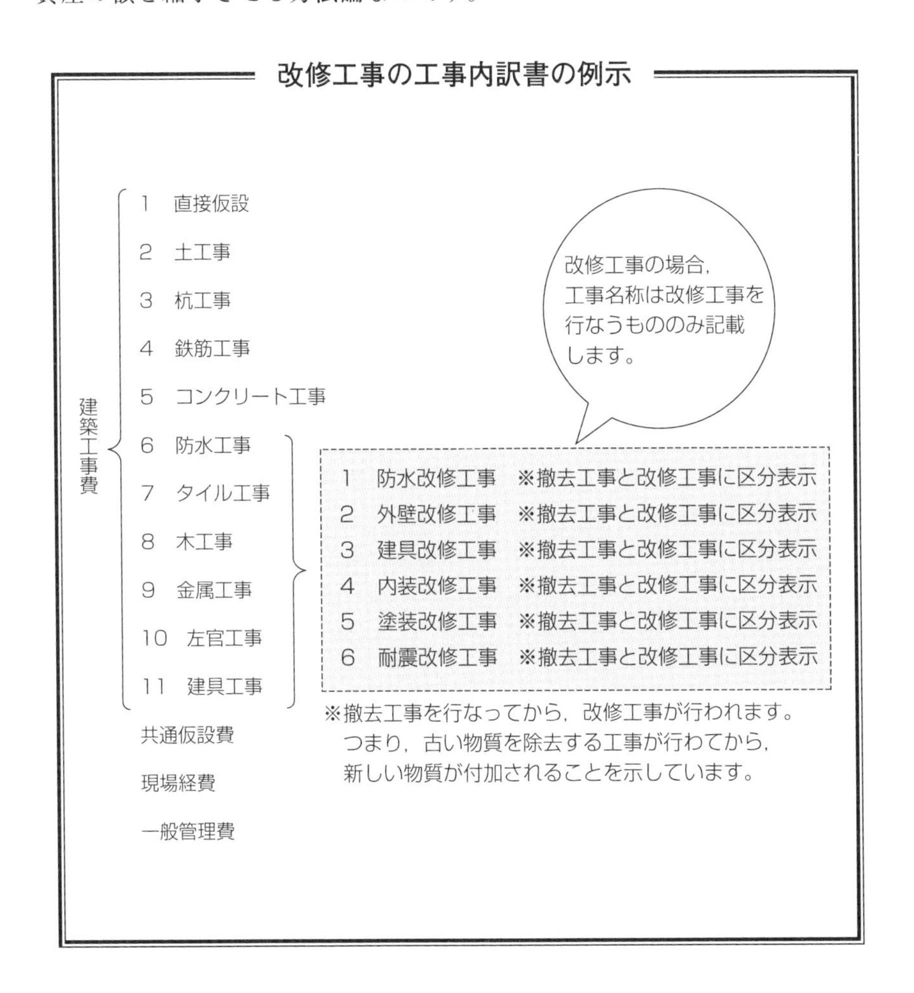

## 72 建物価格は基本的に物量計算によって成立している

ここでは，建物の価格を決定する基本のデータである工事内訳書が，物量計算によって成立している点を確認します。一般的に実務で使用される工種別内訳書には，右の図「工事別内訳書」のように横の欄には名称，摘要，数量，単位，金額，備考という項目が記入され，名称の縦の欄には，建物を構築するのに必要な部材などの部材名が記載されています。

基本的に文系を悩ますものに単位があります。右の図の単位を見ると全ての欄に「式」と記入されています。横の数量の欄には「1」と記入されています。

この数量「1」と単位「式」の意味を知ることによって，建物が物量計算によって構築されていることが理解できます。

平成15年12月に府省庁の統一基準として決定されている官民合同の「建築工事内訳書標準書式検討委員会」で制定された「内訳書書式」において，「式」の意味が示されています。それでは，直接仮設，コンクリート，金属，左官において，どのような物量計算によって価格設定がなされているかを確認してみましょう。

直接仮設，コンクリートが，どのような物量計算によって価格が導き出されているかなされているかを確認してみましょう。

## 工事内訳書（工種別内訳書）の例示

### 工種別内訳書の例示

| 名称 | 摘要 | 数量 | 単位 | 金額 |
|---|---|---|---|---|
| 1．共通仮設 | | 1 | 式 | |
| 2．土工 | | 1 | 式 | |
| 3．コンクリート | | 1 | 式 | |
| 4．金属 | | 1 | 式 | |
| 5．左官 | | 1 | 式 | |
| 6．建具 | | 1 | 式 | |
| 合計額 | | | | |

数量「1」，単位「式」の意味

建物が物量計算である根拠

## 73 直接仮設の物量計算から考察する「式」の意味

例えば直接仮設の内訳書の作成は，各明細の金額を，原則として1式で計上するとし，これを標準とすると定められています[17]。なお1式の根拠は別紙明細書によるとされています。また，直接仮設に必要な設備項目が詳細に列挙され，その1式計上がどのような価格計算をすべきか示されています。

この点を養生や機械器具について見てみましょう。養生等は右の図のような計算が行われます[18]。つまり，1式と工種別内訳書には記載されていますが，「数量×単価」となっているため，これは物量計算といえます。

「式」で表示されていない場合，m²，m³などの単位であれば，物量計算であることは簡単に理解できるでしょう。重要な点は，「数量×単価」によって貨幣価値計算が行われているかという点です。複合単価とは，単位量当たりの材料費，労務費，下請外注費などを含んだ単価を意味します。

また，価格に対応する数量は，原則的に計画数量[19]とすることが定められ，価格に対応する数量が，建築面積又は延床面積の場合は，それらを用いることが示されています。森川八洲男教授は，「物量計算は，しょせん，貨幣価値計算を前提として存在し，最終的には貨幣価値計算に吸収されることになる。」[20]と述べています。貨幣価値計算ができるものであれば，物量計算の中に含まれるものと解釈できます。1式計上によって形成されている工種別内訳書を基に建物の価格を決定されていることを考えれば，建

17 建築工事内訳書標準書式検討委員会制定『平成15年版 建築工事内訳書標準書式・同解説』大成出版，2007年，147頁

18 前掲書注17，148頁

19 計画数量とは，積算基準・同解説において，設計図書に表示されていない施工計画に基づいた数量をいい，仮設や土工の数量等がこれに該当すると示されている。

20 森川八洲男『財務会計論（改訂版）』税務経理協会，1991年，2頁

物は物量計算によって成立しているものと言っても過言ではないのではないでしょうか？

物量計算で想起されるのは棚卸資産です。棚卸資産の評価方法は，個別法や先入先出法などの単価の決定を行う方法と，継続記録法や棚卸計算法という数量把握を行う方法もあります。このことからも棚卸資産の計算においては単価と数量の把握が重要なことがわかります。したがって，棚卸資産も物量計算です。

このように考えますと，理論上では建物は棚卸資産と同様に物量計算ですから，建物は実地棚卸を行う必要性があります。存在しない建物の一部は，一部除却の対象となるはずです。しかし現実には，建物の一部除却は高度な建築技術を使用するため実施するのは難しいです。そこで考案されたものが，価格構造メソッドになります。

**養生・機械器具の計算**

養生においては，
延㎡×複合単価＝1式計上，
外部足場は，
外部足場掛け面積（㎡）等×複合単価＝1式計上，
内部躯体足場は，
鉄筋・型枠足場掛け面積（㎡）等×複合単価＝1式計上，

機械器具においては
機械器具（基）×複合単価＝1式計上

## 74 コンクリートも物量計算

コンクリートについて確認します。「内訳書標準書式」の同解説において，一般事項としてコンクリートは，右図「コンクリートの内訳書の計上の仕方（科目別）」のように躯体及び外部仕上，内部仕上に区分して計算することが明記されています。

また，躯体は，基礎部，軸部，土間等の打設部位ごとに区分けして，各々コンクリート材料，打設手間，ポンプ圧送に区分することが記載されています。

普通コンクリートや軽量コンクリートは，

設計数量（㎥）×材料単価

によって計算されます。

１式計上ではなく，

設計数量（㎥）×材料単価

によって内訳書に記載されることになります。

コンクリート打設手間は，

設計数量（㎥）×市場単価又は１式計上，

設計数量（㎥）×複合単価又は１式計上

の２種類の方法があります。

ポンプ圧送も，

設計数量（㎥）×複合単価と設計数量（㎥）×市場単価

の２種類ありますが，これらは１式計上となっています。

外部仕上無筋コンクリート及び内部仕上無筋コンクリートは，

設計数量（㎥）×複合単価となっています。[21]

---

21 前掲書注17，165～167頁

つまり，コンクリートも物量計算が行われていることがわかるのではないでしょうか。

## 工事内訳書におけるコンクリートの計上の仕方（科目別）

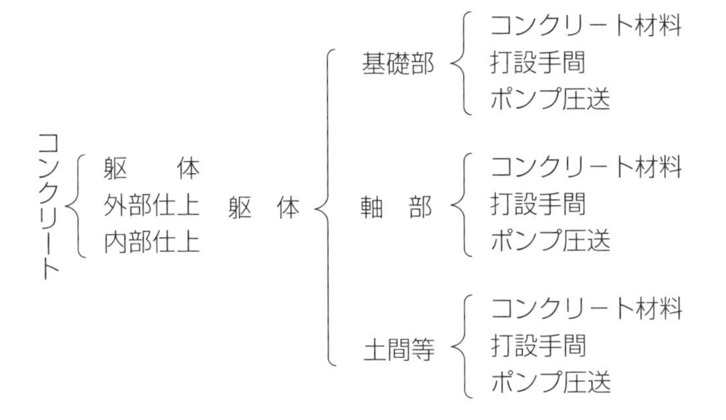


出典：建築工事内訳書標準書式検討委員会制定『平成15年版 建築工事内訳書標準書式・同解説』（大成出版社，2007年）から作成

仮に基礎の一部を除去したら

会計・税務では一部除却すべき

一部除却は技術レベルが高い

価格構造メソッド

## 75 ROAと減損会計と架空資産のツケ

投資家が最も気にする指標にROE（Return On Equity）やROA（Return On Assets）があります。

そのため，経営者もROEやROAの指標を気にせざるを得ません。ROEは，財務レバレッジを使用することで指標を上昇させることができますが，景気が悪くなると借入金等が足かせになるため，企業の安定性を見るならばROAの方が，信頼性のある指標といえるのではないでしょうか。

ROAの指標を上げるためには，利益（分子）の当期純利益を増やすか，資産（分母）の総資産を減らすか，２つの方法があります。減損会計も分母の総資産の一部を減少させる１つの方法です。

減損会計を考察するとき，建物と建物附属設備に視点を置くと，建物勘定の未償却残高に架空資産がなかったか，確認すべき手続きが省略されています。

大規模修繕工事の際に，初級簿記３級で勉強する簿記的取引が適正に実施されているか，確認すべきではないでしょうか？

残念ながら，多くの企業では，大規模修繕工事に一部除却という古い床・壁・天井の未償却残高を取り除く簿記的取引が処理されていない事実があります。

会計学の専門書には，全部除却は記載されていても一部除却について，ほとんど言及されていません。したがって，貸借対照表に架空資産が発生しても仕方ないのです。建物は，償却資産の中でも最も高額な資産です。先に触れたように，大規模修繕工事の工事金額も初期投資の50％と高額です。このため，一部除却できないと，さらに架空資産も増額し，一段と粉飾の額が膨張することになります。

このような状況下において，減損会計を行えば，減損損失に建物勘定の架空資産も含まれる可能性が非常に高くなります。もちろん，減損会計を実施せずにいれば，架空資産が排除されず粉飾決算が継続されることになるので，実施することに賛同はします。しかし，建物の架空資産を減損会計に頼っていいのでしょうか？

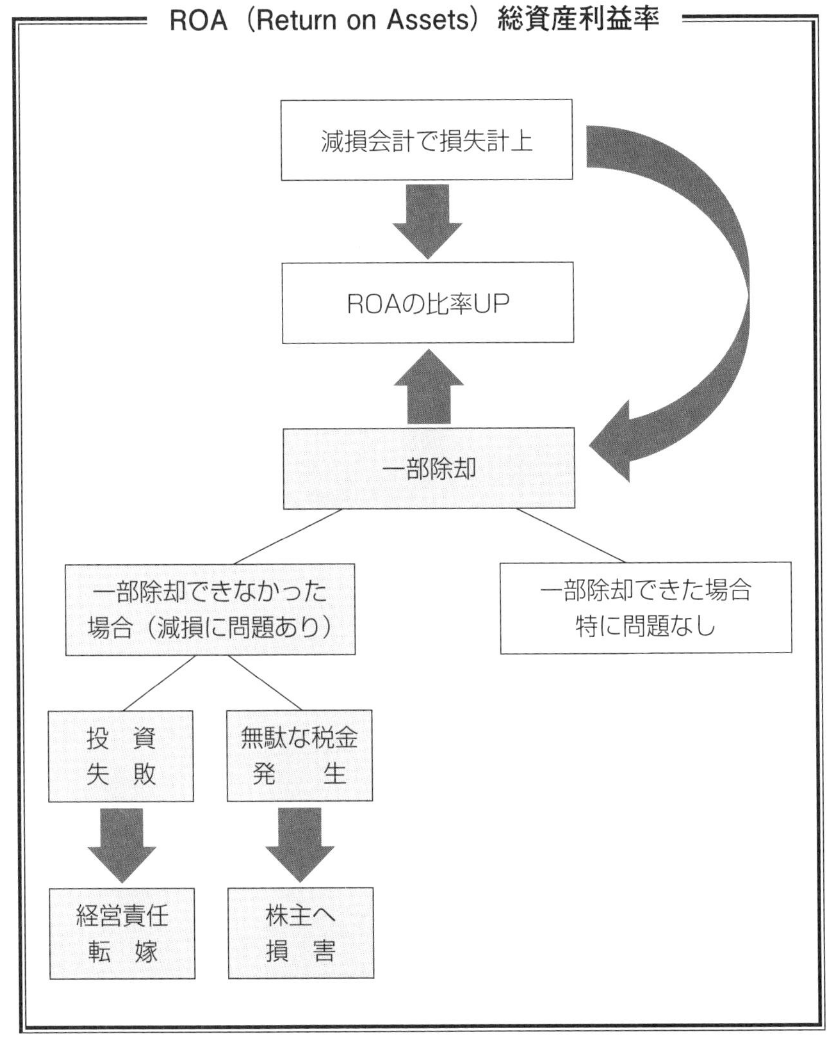


序章 第1章 第2章 第3章 第4章 第5章 第6章 第7章 第8章 第9章 第10章 第11章 第12章 終章

## 76 エクイティの概念

「エクイティ」の概念を知ることによって，決算報告書において粉飾があってはならないことが，よりよく理解できます。

渡部亮教授『アングロサクソン・モデルの本質』（ダイヤモンド社，2003年，250頁）で，「エクイティ」つまり株とはいかなるものか言及しています。

中世イギリスにおけるコモンローの厳密な法律において，理不尽な扱いを受けた者を救済するために生まれたのが，「エクイティの救済」なるものです。

貴族から土地を任されていた下級領主は，戦争が勃発すれば，すぐさま貴族の命令のために戦地へ行かなければなりません。仮に，下級領主が戦地で死亡すれば，その当時は，領地は女性や子供は相続できないため，貴族に返還しなければならなかったので，防御策として友人に土地を移譲して出兵したそうです。コモンローでは，移譲された友人を土地所有者と見做すことが認められていました。無事に生還したら，友人から下級領主に戻すことが要領で取り決められていたそうです。また，戦死した場合は，子供が成人になったら，土地を返還する旨の要領などを作成し，貴族に没収されないよう委託者ないし受益者と受託者（友人）を法的に定め対処していました。

しかし，友人の裏切り行為が頻繁に起こるようになり，判例を重んじるコモンローでは対応できなくなり，「エクイティの救済」が大法官によって実施され，法律上の所有権と土地などの実体の所有権を分離したのです。これが会社法などに応用され，今日の株式会社が成立したという内容が前掲書に記述されています。

つまり，株式会社における資本と経営の分離は，信託の考え方と同根であるということなのです。また，弱者を守るために有限責任という株式の考え方も出てきたのです。

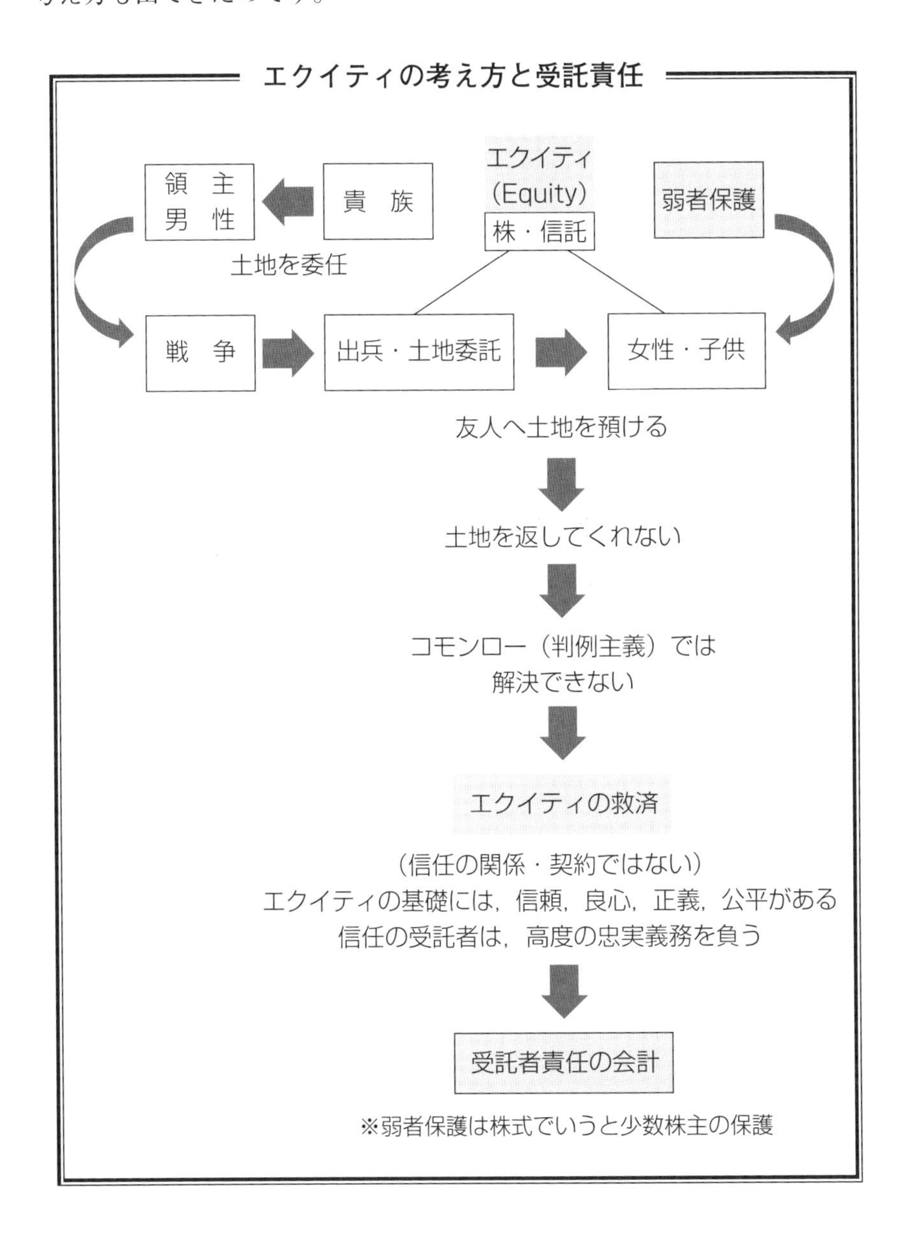

## 77 減価償却の理論性の問題点

減価償却には理論性は果たしてあるのでしょうか？

この点について疑念を抱かれた先生が，わが国の近代会計学の基礎を築き上げてきた太田哲三名誉教授，新井益太郎名誉教授です。

両教授は，減価償却において見積耐用年数を享受している間は，会計理論として減価償却を理論構築することには問題があるという趣旨のことを述べています。

この問題とは，減価償却の年数計算（耐用年数）が完全に予測に基づいているため，費用配分の理論は理論としては成立するが，理論に脆弱性が出てしまうというものです。

つまり，動態論による配分理論により減価償却理論は一見確立できたかのように考えられていましたが，減価償却の計算要素に見積耐用年数を使用することは，逆に減価償却の理論性を危うくするというものです。

新井名誉教授は「耐用年数を如何に正確に見積ろうとしても，結局それが見積りにすぎないとすれば，そこには通常客観的妥当性を見出すことができないことが多い。」[22]と論じています。

筆者は，更に取得原価についても疑念を持っています。それは，建物の取得原価においてです。建物は，本来は１つの資産であるのですが，減価償却の資産として認識する場合，償却年数（耐用年数）が資産によって異なるため，「躯体部分」の建物と「附属設備部分」の建物附属設備という２つの資産に分類しなければなりません。つまり，１つの建物という資産ですが，２つの取得原価を確定させる必要があるのです。

その資産の分類は，工事内訳書という書類に基づいて行われます。この

22 新井益太郎『減価償却の理論』同文舘出版，1980年，138頁

工事内訳書に明記されている価格は，顧客の要望した建物の価値に符合した価格となっているのかという問題です。会計学のテキストや専門書には，定額法の減価償却の計算方式は「取得原価÷見積耐用年数＝減価償却費」と簡単に書かれ，理論性もあるように書かれていますが，根深い問題が内在しているのです。

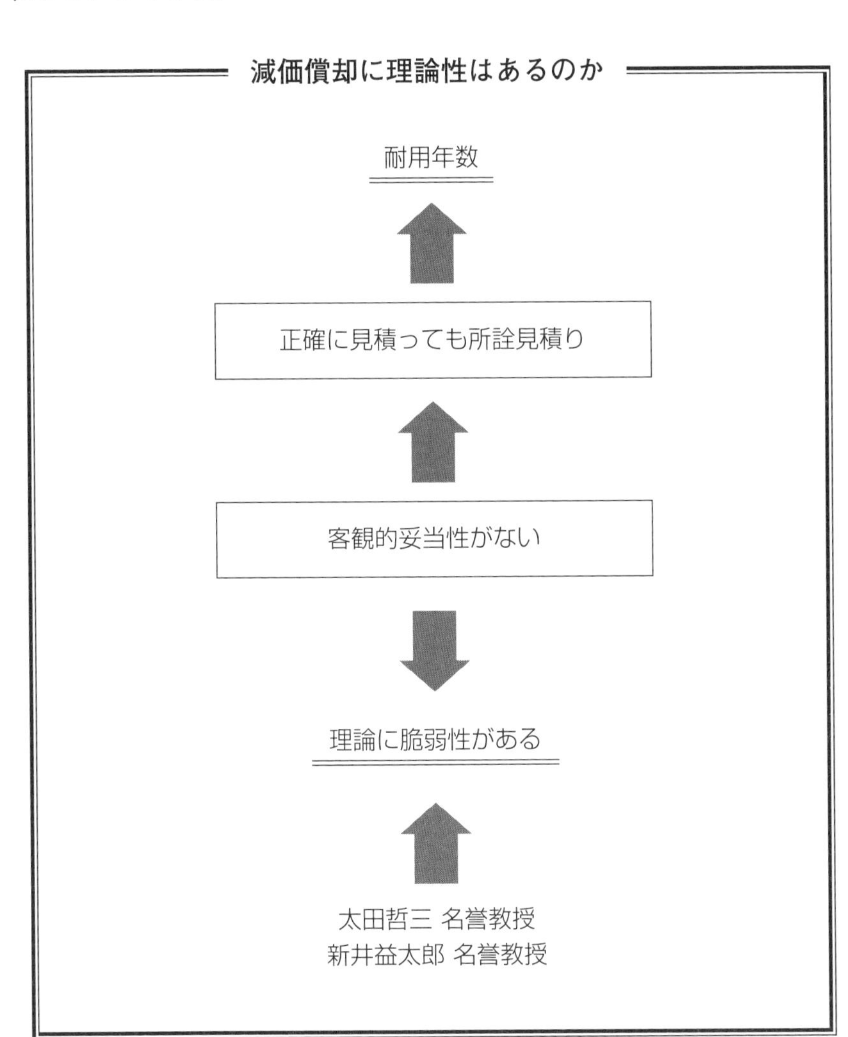

## 78 財務報告における不正防止チェック

内部統制の目的は広範囲に及びますが，金融商品取引法が求めているもののの１つに，財務報告の信頼性があります。そこでアサーションという概念を用いることにより，財務報告のリスクをチェックする手続きがあります。

簡略して言えば，アサーションとは，財務諸表が正しいかどうかのチェックです。アサーションのチェック項目は，実在性，網羅性，権利と義務の帰属，評価の妥当性，期間配分の適切性，表示の妥当性の６種類があります。

ここで建物の架空資産の問題は，アサーションにおける実在性と期間配分の適切性に大きく関わる問題であることがわかります。実在性とは，まさに資産が実在しているかが重要なポイントであり，当然に架空資産など許されるべきものではないはずです。

架空資産が発生しているということは，不必要な税金（法人税等）を支払っていることになります。経営者は株主から財産の運用を委託されており，そこには受託責任が発生し，財産の保全をはからなければならいはずです。不必要な税金を支払うことになれば，財産の保全をはかっていないことになるのです。

特に建物は償却資産としては，最も高額な資産であるため，黒字経営であれば法人税などの税額へ与える影響も大きく，建物の架空資産問題は看過できない問題であることがご理解いただけるでしょう。

しかし，内部統制の問題でも建物に架空資産が発生しているという認識は，ほとんどないものと考えられます。理由は，資産は減価償却していれば，償却上何ら問題は生じないものであるという不文律があるからです。減価償却には限界があり，補完的な償却理論として一部除却が必要と考えるものです。

しかし，実務の世界で一部除却を行うためには，建築の知識や高度な技術が必要とされ，実現性に少し不安が残ります。一部除却の代替的方法論として，価格構造メソッドが有効と考える次第です。

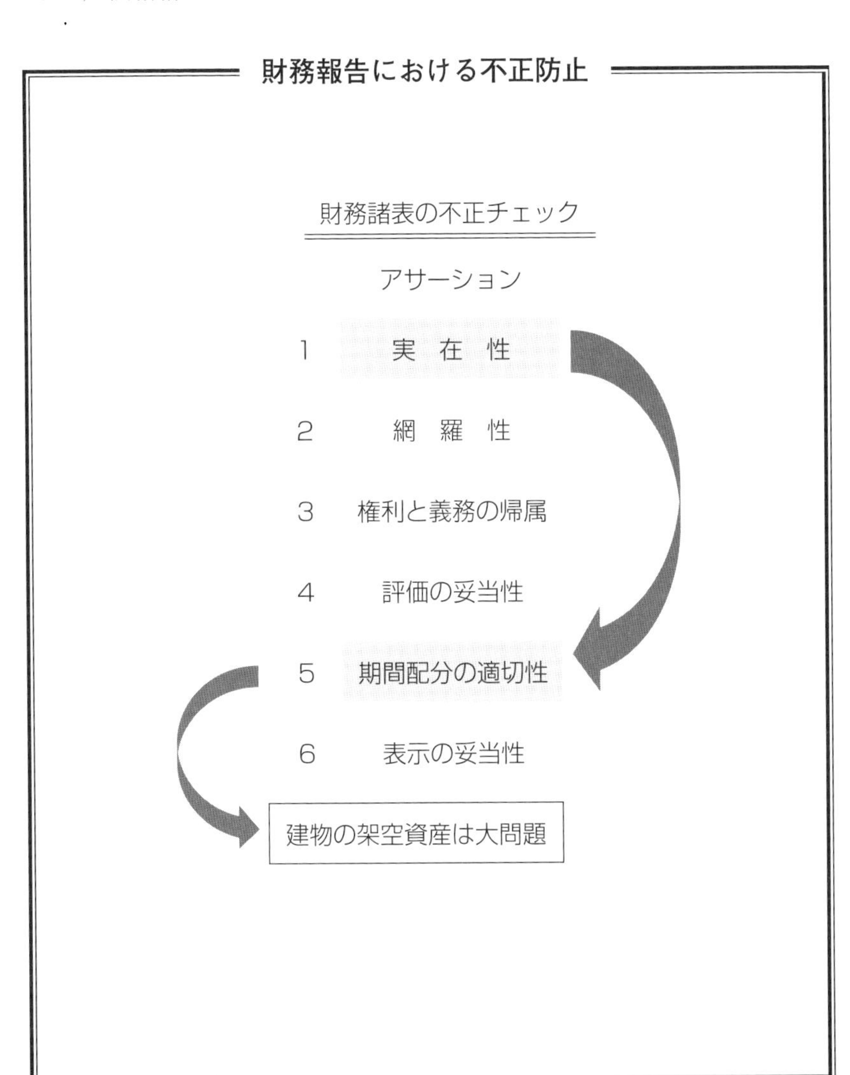

## 79 建物における内部統制の問題

日本版SOX法と呼ばれている財務報告に係る内部統制の規律は，上場企業に対して金融商品取引法によって2008年４月１日以降開始する事業年度から義務化されています。日本版SOX法は，米国のSOX法に由来するものであり，この目的は，エンロンやワールドコムなどの粉飾決算などの会計不正による投資家の資本市場に対する信頼の回復を目的するものです。

日本版SOX法は，米国のSOX法の土台でもあるCOSO（トレッドウェイ委員会支援組織委員会の略称）が取り纏めた内部統制の枠組み（COSOフレームワークという）を基盤にしているといえます。COSOのフレームワークは，「粉飾決算等の会計における不正防止の実効性の確保」を第１に置いています。

この粉飾決算等を排除するために日本版SOX法では金融庁「財務報告に係る内部統制の評価及び監査の基準」（以下『基準』）において，４つの目的を掲げています。

４つの目的とは，①業務の有効性及び効率性，②財務報告の信頼性，③法令等の遵守，④資産の保全です。これらの目的のうち，②財務報告の信頼性が最も重要なものであり，この目的を達成するために①③④があるといっても過言ではないでしょう。つまり，日本版SOX法導入の経緯は，財務報告の信頼性を獲得するための粉飾決算などの排除であるといえます。

建物の大規模修繕工事を考えたとき，建物勘定において一部除却を行わない場合，架空資産が発生し，不必要な税金を支払うことになります。これは，財務報告の信頼性を損なうものであり，資産の保全を実行していないことを意味します。これは，株主代表訴訟に発展する由々しき問題です。

対策としては，価格構造メソッドを使用することが効果的であると思われます。

## 日本版SOX法

目　的

1　業務の有効性及び効率性

2　財務報告の信頼性

3　法　令　順　守

4　資　産　の　保　全

建物の架空資産は粉飾決算

不必要な法人税等の支払い

株主代表訴訟

## 80 粉飾決算の問題

ここで，会計報告つまり決算報告は，どうあるべきかを石川純治名誉教授は『変わる社会，変わる会計』（日本評論社，2007年，85頁）にて論述しています。少し長くなりますが，大変重要な部分なので引用します。

「コモンローに対するエクイティ概念で重要な点は，「信任」という関係であり，それは今日の個人主義にもとづく自由な「契約」関係とは異質な関係である。契約は対等な個人間の自由意志にもとづくが，信任は対等ではなく依存（あるいは互助）の関係であり，しかも信任の受託者は最高度の信義誠実を尽くして行動する，高度の忠実義務を負う関係にある。この関係に根ざす会計のあり方が受託者責任の会計であり，今日のコーポレートガバナンスの一環としての会計に通じる。重要なのは，もともとエクイティの基礎に，信頼，良心，正義，公平があるという点である。」と述べています。したがって，粉飾などは決してあってはならないことなのです。

粉飾決算の定義を会計学辞典で確認すると，「利益を過大に計上する意図をもって行われる決算操作とその結果及び開示をいう。」「利益の過大表示は，社会的影響も大きく，またこの実例が多い」「粉飾決算は，配当利益や株価が高まることを通じて増資，銀行借入等を容易にする」「結局は資産の過大計上，負債の過小表示として顕れ，計上利益の膨張に至る。」と色々書かれています。

粉飾決算は，資産の過大計上，負債の過小表示という虚偽の表示を行い，架空の利益を計上し，その見せかけの利益を基に配当を多く出し，株価をつり上げ，増資，銀行借入等を容易にするため，詐欺的行為のため社会的影響が大きいので問題があるということです。したがって，この粉飾決算をより少なくする簡単な方法が，価格構造メソッドなのです。

## 会計報告とは

契約ではない

対等でもない

信任である

依存・互助の関係

受託者は信頼を裏切ってはならない

粉飾決算などありえない

## 81 著名な会計学者の嘆き

一般的に有形固定資産に関しては，経営者は減価償却してさえいれば，何ら問題は起こらないと考えています。また，有形固定資産の管理については，会計の専門家も関心があまりないと品田誠平名誉教授（ホテル会計の大家）は指摘しています。

すなわち「会計の専門家が余り関心をもっていないため，固定資産の管理統制を取扱っている会計学の文献も少なく，かつ，不十分である。」と指摘しています。同時に「経営者が固定資産について，きわめて無関心である。」と論じています。理由は，「減価償却費も，減価償却引当金も見積に過ぎず，それは精巧な記録によっても，正確にはなし得ないと一般的に考えられているからである。」[23]と記述しています。

また，取替と除却の中の取替の項目で，「特に新しい資産を古い資産と取替え，あるいは，新しい部分品と取替えることである。新しい資産の原価を勘定に記入した場合，取替えられた古い資産の原価を簿上から消去しなければならない。」[24]と明言しています。つまり，一部除却をしなければならない点を明確に示しています。

仮に一部除却をするのであれば，工事内訳書の分解作業が必須となります。工事内訳書は明確に分解することが，果たして可能なのでしょうか？

工学部建築学科の授業でも，大学院の建築学科の講義でも工事内訳書の講義は存在しません。学科として成立していないものが，会計では取得原価の証憑資料として使用されているのです。この点については既に言及していますが，建設会社の利益は，恣意的に様々部分に上乗せすることが可能ということになります。

23 品田誠平『会計学（改訂版）』中央経済社，1979年，158頁
24 前掲書注23，164頁

そのようなものならば，一部除却が発生しないように，はじめから顧客満足度を満たすような工事内訳書を作成することが社会的に効果的と考えるのは，筆者だけでしょうか？

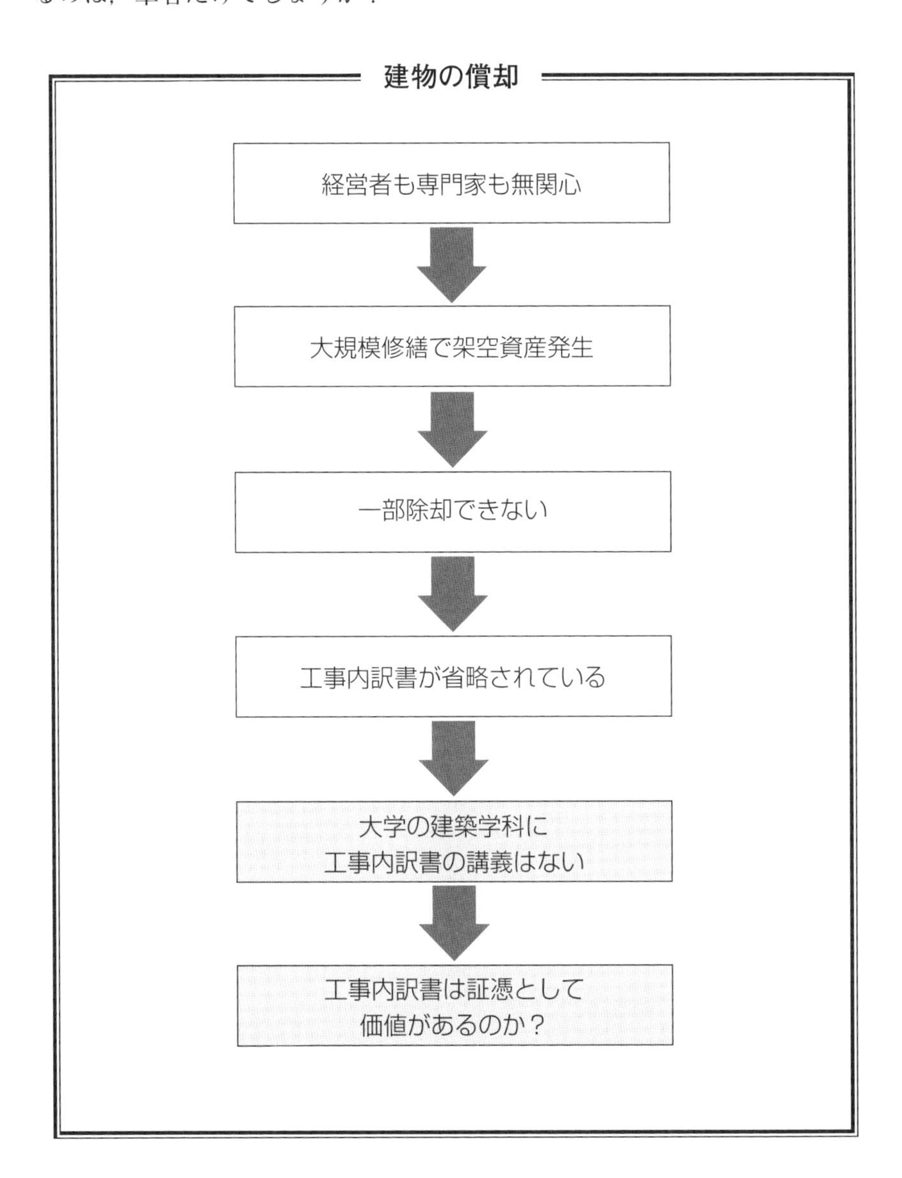

## 82 スクラップ・アンド・ビルド概念から考える価格構造メソッドの重要性

建物のライフサイクルは，他の固定資産のライフサイクルと比較して非常に長いため，定期的に大規模修繕工事を行う必要があります。

大規模修繕工事を英語でいうとCAPEX（Capital Expenditure）といい，直訳すると「資本的支出」となります。このため，大規模修繕工事＝資本的支出と短絡的に考えますが，これは大きな誤りです。

建物の大規模修繕工事を考えるとき，スクラップ・アンド・ビルド（Scrap And Build）の概念「古くなった設備を廃棄し，新しい設備を設けること」で捉えることが大切です。右の図「大規模修繕工事におけるスクラップ・アンド・ビルド」を見てください。台形の建物があるとして，それが３つの構造ABCで構成されているとします。これらの構造のうちＢの部分を大規模修繕工事する場合，はじめにＢをスクラップ（一部除却）してから，新たにＤをビルド（資本的支出）することになり，建築物の構造はABCではなくADCによって構成されることになります。つまり，いきなり新しい物質が取り付けられるのではなく，新しい物質に取って替わる古い物質が除去されることが，ファースト・ステップの作業として行われるのです。

したがって，建物の大規模修繕工事において資本的支出を取り扱うときは，一部除却を資本的支出の表裏一体として考慮しなければならないのです。一部除却をせずに現状のまま減価償却をし続けることは，貸借対照表に多くの架空資産を計上することになります。つまり，減価償却には限界があるといえます。

一部除却ができないのであれば，建物の未償却残高を小さくしておく必要があります。つまり，架空資産となる金額を圧縮する必要があるのです。そうしておかなければ，株主代表訴訟になったとき，問題が生じるからです。このためには，価格構造メソッドを使用することが重要なのです。

**大規模修繕工事におけるスクラップ・アンド・ビルド**

建物＝A＋B＋C
（大規模修繕工事前）

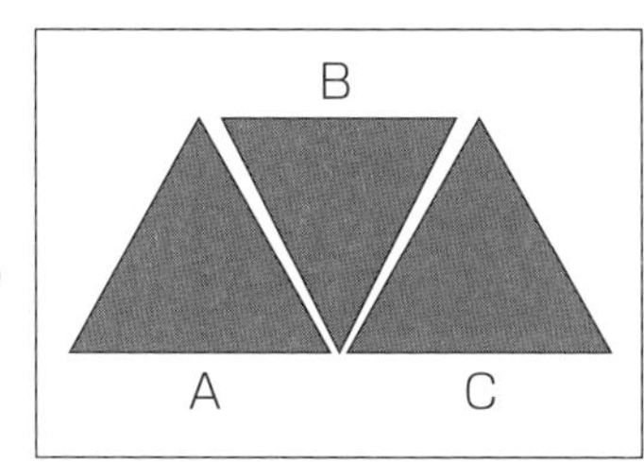


Bを大規模
修繕工事

Bをスクラップ
（一部除却）

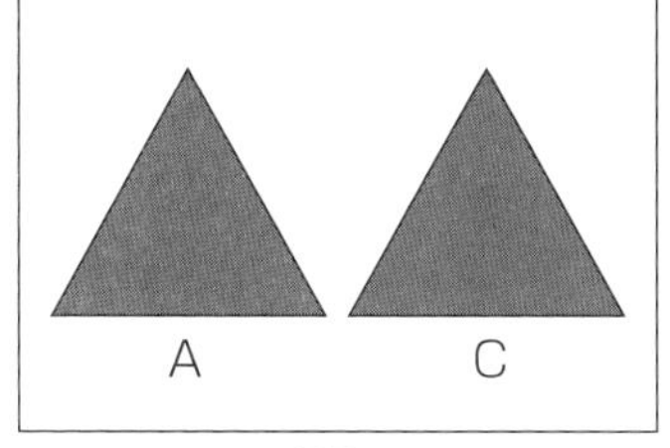


Dをビルド
（資本的支出）

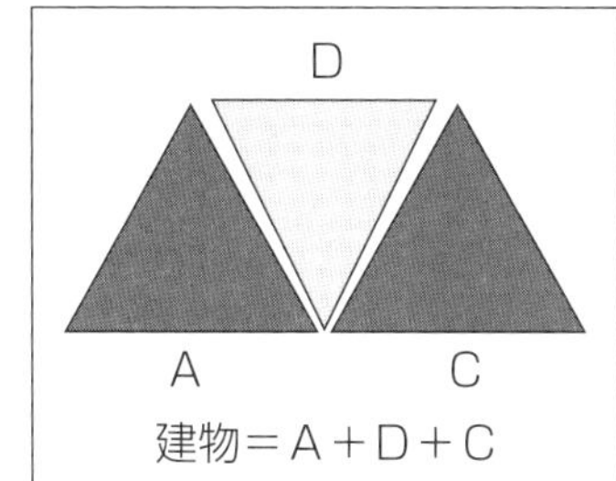

## 83 経営者は減損損失より正規の償却で対応すべき

企業が設備投資を行う理由は，一定の収益の見込みがあるため行います。仮に投資額の回収が見込めなくなるほど，収益の悪化がある場合には，一定の基準に基づいて設備投資の資産の帳簿価額を減額する会計処理をしなければなりません。この会計処理を減損会計といいます。

筆者は，減損会計にはかなり問題があるのではないかという疑念を持っています。減損会計は，投資額の回収が見込めなくなるほど，収益の悪化がある場合には，一定の基準に基づいて設備投資の資産の帳簿価額を減額するとしていますが，大規模修繕工事の際に一部除却が行われていない現行の会計制度において，帳簿価格は適正な金額を示されていません。減損会計の定義は，帳簿価額が適正であるという前提の基に作成されていますが，これは大きな誤りです。

減損会計は，臨時償却の意味があるので，固定資産の帳簿を適正化するため良いのではないかという意見もあります。しかし，減損会計において減損損失を計上することは，経営者の投資の失敗を意味します。仮に大規模修繕工事を行ったのに一部除却をしてこなかった点を考慮した場合，投資の失敗と一部除却をしてこなかった旧経営陣の責任をごちゃ混ぜにして，現経営者の投資失敗で片付ける方法は，適正な会計報告をしていないことになります。

減損会計は，恣意性が多く含まれている評価手法です。IFRS（国際財務報告基準）のように戻し入れすることはできません。ある意味，日本の減損会計は厳密な検討のもとに減損損失額を算出しているように見えますが，建物に関しては残念ながら架空資産問題を放置しているといえます。

したがって，減価償却という近代会計学が生まれた当初から実施されてきた正規の償却手法で対応した後に，減損会計をすることが求められます。

## 経営責任のごまかし

減損損失の意味

投資の失敗

簿価の切り下げ

投資の失敗に含めて簿価の切り下げ

架空資産

一部除却をしていない場合

建物の架空資産は大規模修繕工事を行った時の経営者の責任投資の失敗つまり減損損失に含めてはならない

## 84 建物の数が勝手に増える税法の単位の考え方

沼田嘉穂名誉教授が固定資産の単位について言及している箇所があります。すなわち「単位とは一つのまとまった有機的組織体を指すことに何人も異論はなかろう。それを最もよく現しているものは人体をはじめ，動物のからだである。この場合，一部分を切離して別の利用に役立てたり，また外部からある部分を付加するがごときことはできない。すなわち完全な有機的組織体を成立せしめているから，単位としての認識は明瞭である。」[25]と記述されています。

この点を大規模修繕工事について当てはめて考えてみます。大規模修繕工事は，既に存在している建物において行われる工事ですから，基本的に固定資産の単位に変更は生じないはずです。1棟の建物に大規模修繕工事を行っても1棟という単位に変更はないはずです。

しかし，平成19年の「資本的支出の変更」により，大規模修繕工事を行った場合，大規模修繕工事の額を1棟と勘定をするようになったのです。つまり，大規模修繕工事（資本的支出）が実施されるごとに，その工事額（資本的支出の額）が1つの資産と見做されカウント（勘定）されるようになったことを意味します。つまり，沼田名誉教授のいう「一つのまとまった有機的組織体」という常識的な考え方は，税法，会計には通用しなくなったのです。

整形手術を例に挙げて考えると理解しやすいでしょう。ここでは1人の人間を資産と考えます。整形手術を資本的支出と考えた場合，平成19年度改正では，整形手術を1人の人間としてカウントすることになったのです。整形手術は人間に施されるものですから，整形手術は付随的なものとして

25 沼田嘉穂『新版固定資産会計』ダイヤモンド社，1972年，259頁

一人の人間という資産に含まれるものとして考えることが妥当なはずですが……。

増税するために，このような勘定の仕方をするのですから，理解しがたいことです。もちろん，会計も同様な勘定の仕方になりました。したがって，打開策は価格構造メソッドしかないのです。

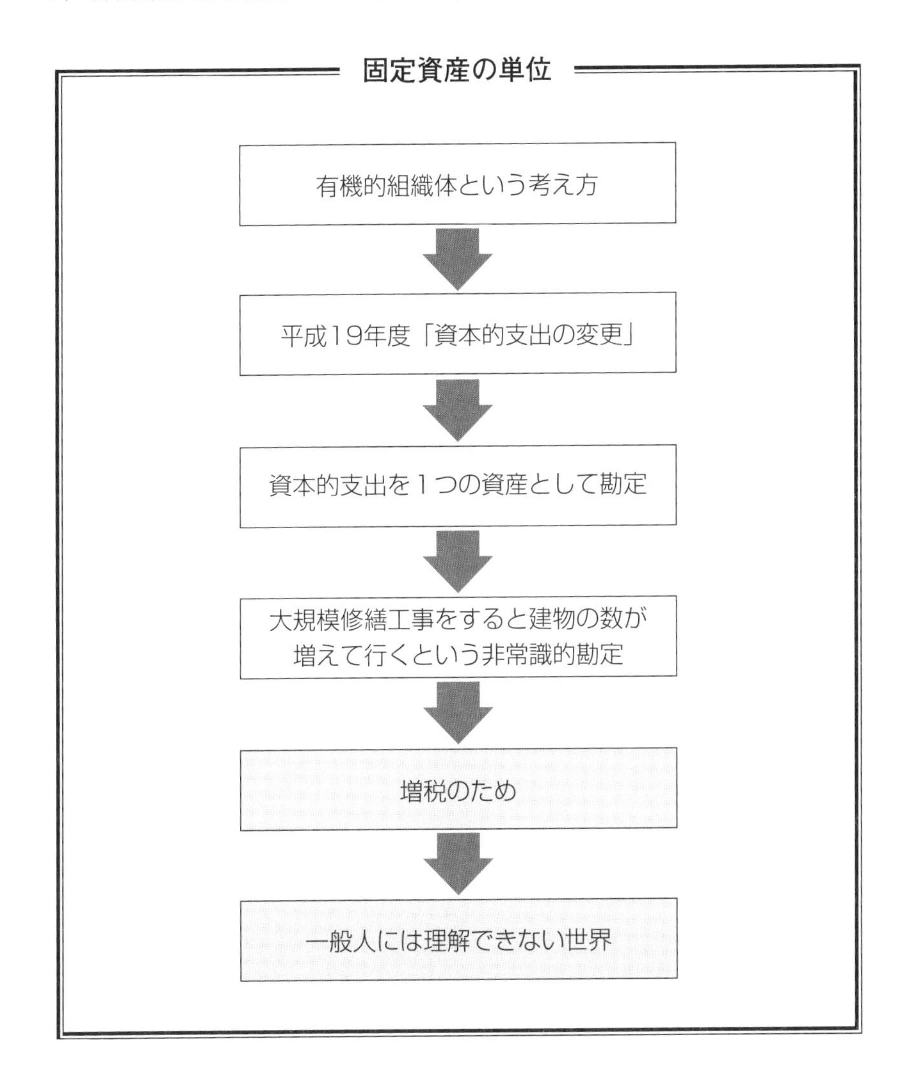

## 85 会計学における建物の考え方とサステナビリティ

減価償却制度に多大な貢献をされた沼田嘉穂名誉教授の考え方では，建物は単純資産となっています。『新版 固定資産会計』の中で，「単純資産とは部分的に取替えられる部分品が全くないか，またはあっても極く僅かなものをいう．建物・構築物などは大体この範疇に属する」[26]と述べています。つまり，建物は，部分的に取り替えられる部品は，非常に少ないといっています。

しかし，現実には，大規模修繕工事は行われ，古い床・壁・天井やエントランス，外壁なども時代にマッチしたものに変更され，一部除却という処理が必要になります。この点から，沼田名誉教授の考え方が誤りかというと，筆者はそうとは思えません。

前掲書の中で，沼田名誉教授は「償却理論が発展していない。」[27]と嘆いています。減価償却は簡単な手法に見えますが，深く研究しなければならないものなのです。

しかし，大規模修繕工事を考えると，一部除却には建築の知識が必要不可欠となり，特定の企業しか使用することができません。したがって，建物の架空資産の排除を促進するには，償却理論で対応することには限界があるという認識です。

つまり，減価償却の取得原価を構成する価格に不具合があるものと考えます。すなわち，建物が与えるサービスの視点で考えるならば，建物も建物附属設備も結合体となります。同じ結合体であれば，建設会社の利益の乗せ方は，建設会社の意思決定に委ねられます。建設業者が建設工事の発注者に提出した工事内訳書の利益の乗せ方において，建物附属設備の方へ

26 前掲書注25，387頁
27 前掲書注25，262頁

比重を置いても問題はないということです。サステナビリティの実現には，建物の架空資産を排除することです。

換言すれば，サステナビリティに必要なのは，償却の促進です。償却を加速化するためには，価格構造メソッドしかないと考える次第です。

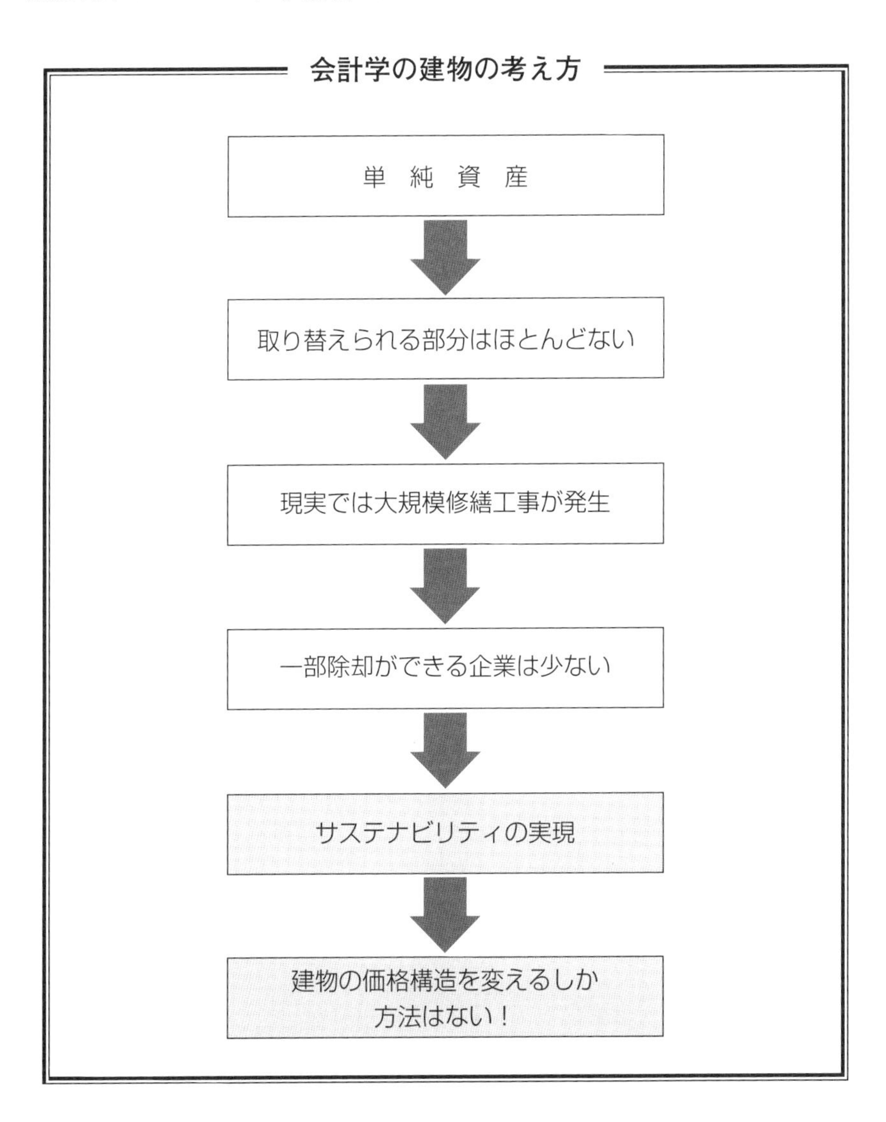

## 86 裁判所の証拠資料としての取得原価

筆者は，税法に精通している著名な弁護士の依頼で専門家証人として法廷で証言したことがあります。逋脱（脱税）事件であり刑事事件です。被告人は10棟以上のマンションやホテルを中古で購入し，減価償却の計算に重要な取得原価を決定する際に，自分流の時価で評価し，税務申告を行い多少の資料改ざんもあり，事件となったものです。

中古物件の場合は，契約金額は，土地や建物などに分けて記載されていないうえに，また消費税も含めて，契約金額が決定されていますので，建物と建物附属設備の取得原価をいくらにすべきか苦労するところです。被告は契約金額の多くの部分を建物などの償却資産に振り分け税務申告をしたのです。

そこで建物の時価とは何かを，今までの研究，つまり自分の考え方を裁判官に話してほしいという依頼でした。公判２回にわたり90分ほど好き勝手にお話しさせていただきました。

その時に重要な資料となるのは，建築工事の請負契約書の一部である工事内訳書です。検察は，事件の問題となったマンションなどの工事内訳書をいくつも探し，それに基づいて課税してきました。不動産鑑定士などの意見は求められないのです。工事内訳書や固定資産税評価額などの恣意性が排除されている資料に基づき，課税が行われるのです。

仮に，減損会計の評価や取替原価の評価などの評価額があっても，裁判ではほとんど意味を持たなかったでしょう。恣意性のある評価額では建設業者が作成した工事内訳書という証憑資料には，かなわないのです。したがって，価格構造メソッドで対応することが重要なのです。

ちなみに上記の逋脱事件では，検察の税額計算において間接費を全て建物勘定へ振り分け，一切建物附属設備勘定へ振り分けていないことを主張し，税額に誤りがあることを指摘したところ，検察が「訴因の変更」をするに至りました。

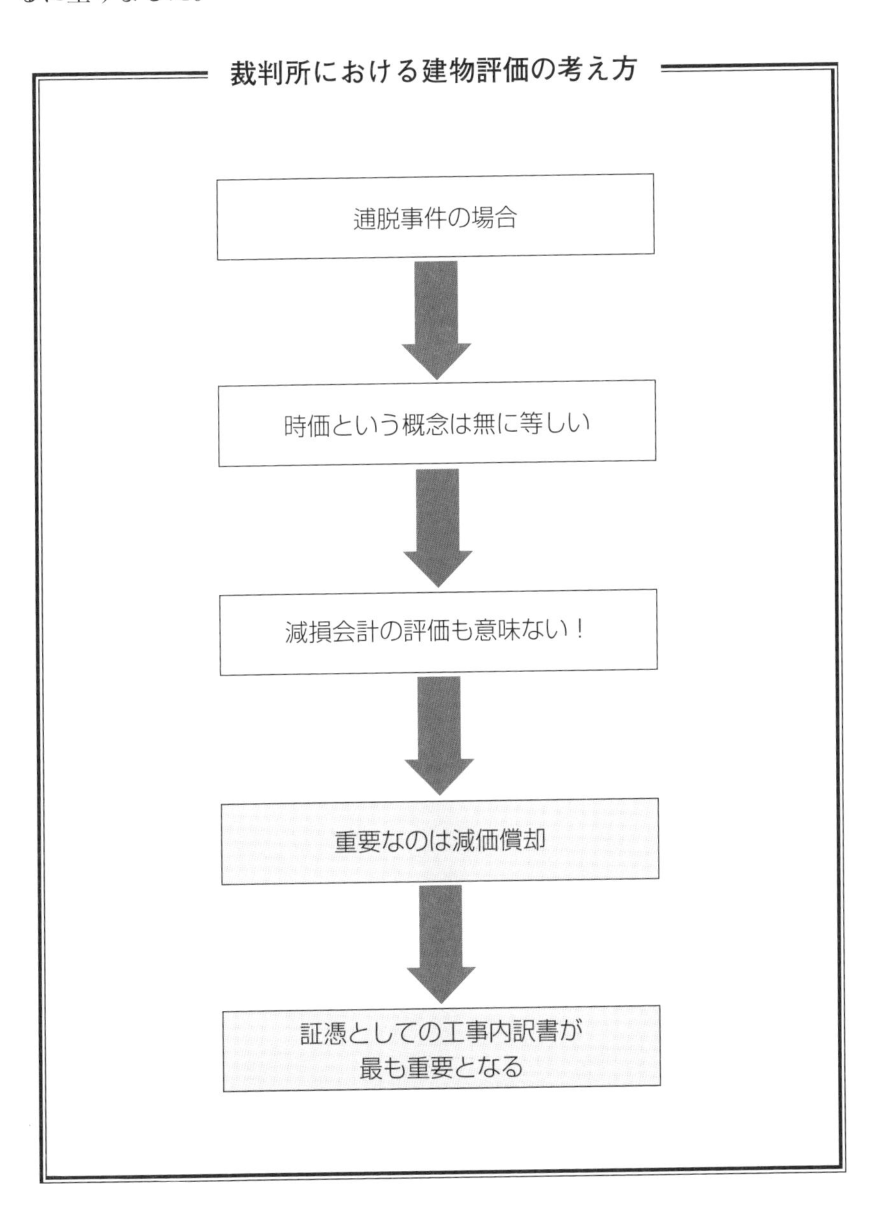

## 87 資本的支出という不明確な基準と減価償却

減価償却費（定額法）の計算は，既に見たとおり「取得原価×償却率」で求めることができるので簡単と感じたのではないでしょうか？

減価償却は，数字が与えられるような検定試験などでは簡単なのですが，実務の世界においては，基準が明確でないため，戸惑うことが頻繁に起こります。それが資本的支出の問題です。

建物について資本的支出の問題を考えるとき，会計処理において判断しにくい取引として，大規模修繕工事があります。すなわち，その工事金額が，資本的支出（資産計上）に該当するか，収益的支出・修繕費に該当するか，いずれの処理をすべきか判断が求められるのです。

その判断基準について，まず会計学ではどのような基準を提示しているか確認してみましょう。

有形固定資産に対して行われる支出には，当該固定資産の原価に加えられ資産となる資本的支出と，支出年度の費用として取り扱われる収益的支出の２種類があります。その２種類に区別する基準は，右の図「有形固定資産に対する支出の会計処理」のようになります。

有形固定資産に対して行われた支出が，その資産価値を増加（増大）させた場合，または耐用年数を延長（耐久性を高める）させる場合，もしくは建物の増築・拡張及び用途変更が行われた場合に該当する際は，資本的支出として取り扱われ減価償却の対象資産となるわけです。

それらの基準に該当しない場合は，単純な耐久性や仕様能率の維持・管理のための支出となり，当期費用（修繕費）として処理されることになります。

有形固定資産の資本的支出が，どの程度，その資産の耐用年数を延長せしめたか，または資産価値を増加せしめたかを明確化不可能なことがわかると思います。したがって実務では税法の基準を借りてくるのです。これが，さらに資本的支出を曖昧な基準にしているのです。

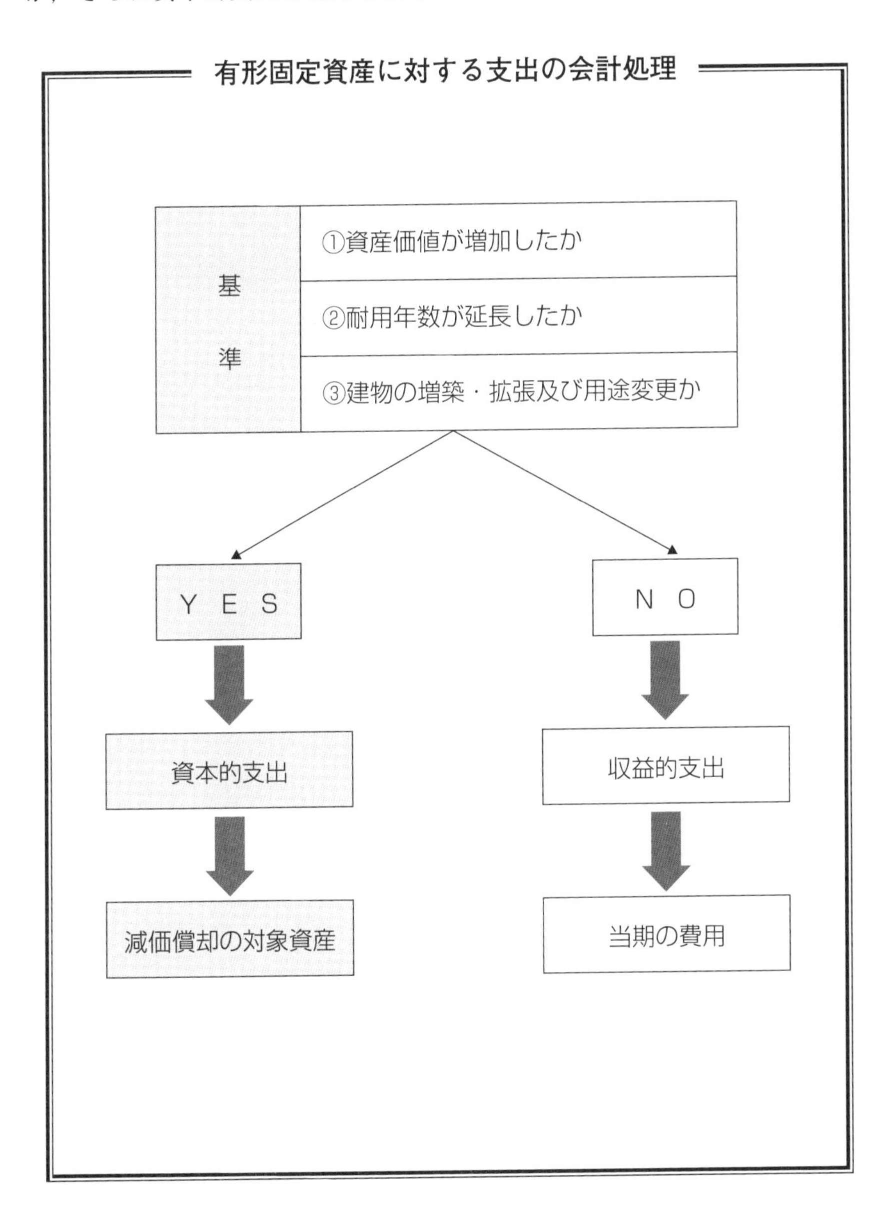

## 88 法律ではない通達

それでは税法基準としての資本的支出とは，どのような条文から成り立っているのでしょうか？

資本的支出については，法人税法施行令132条に示されています。内容は基本的に会計学における資本的支出の考え方と同様なものといえます。

すなわち使用可能期間の延長と価値の増加に対応する金額が資産計上の対象になるということです。

そこで税法は，法人税基本通達で資本的支出と修繕費（会計学では収益的支出に該当する）との区分を補足しているのです。いわゆる形式基準といわれているものです。

通達は，法律ではありません。これは，円滑な行政執行のために上級行政機関が下級行政機関に対して通知する文章をいい，国民が守るべき規則でも法律でもないのです。しかし，この通知に従っていれば，行政上何ら問題は発生しないという理由から，税の世界では重宝がられているものです。

法人税基本通達7-8-4と7-8-5を右の図に示しました。同通達7-8-5は，通称7：3基準といわれ，その改修費が資本的支出か修繕費か明らかでない場合は，7割を資本的支出として，3割を修繕費にするという非常に曖昧な基準です。会計学の資本的支出の考え方も，132条の税法の考え方も，本来は資産価値を増加（増大）させた場合，または耐用年数を延長（耐久性を高める）させる場合が資本的支出なのです。

とはいえ，資本的支出を決定付ける明確な基準がないため，法人税基本通達で補足したものが，この安易な7：3基準などです。

したがって，大規模修繕工事において新しいものに取り替える場合は，新たに付加された部分は資本的支出として処理し，古い部分が除去された場合は，一部除却する会計処理が妥当であると考えられます。

しかし，多くの企業では一部除却が不可能なため，他の方法で対処するしかないのです。それが価格構造メソッドなのです。

## 法人税基本通達

法人税基本通達7－8－4

一の修理，改良等のために要した費用の額のうちに資本的支出であるか，修繕費であるかが明らかでない金額がある場合において，その金額が次のいずれかに該当するときは，修繕費として損金経理をすることができるものとする。

(1) その金額が60万円に満たない場合

(2) その金額がその修理，改良等に係る固定資産の前期末における取得価額のおおむね10%相当額以下である場合

法人税基本通達7－8－5

一の修理，改良等のために要した費用の額のうちに資本的支出であるか修繕費であるかが明らかでない金額（7－8－3又は7－8－4の適用を受けるものを除く。）がある場合において，法人が，継続してその金額の30%相当額とその修理，改良等をした固定資産の前期末における取得価額の10%相当額とのいずれか少ない金額を修繕費とし，残額を資本的支出とする経理をしているときは，これを認める。

## 89 循環型社会形成を阻む資本的支出の変更による大増税

平成19年の税制改正に伴い「資本的支出の変更」が行われました。これにより，企業は大規模修繕工事を行った際，税金が高額になるという循環型社会形成とは逆行した時代に突入することになったのです。

建物を100年間使用した場合，減価償却費の推移は右の図「資本的支出の変更による減価償却費比較イメージ」のようになります。縦軸は減価償却費の額を表しています。横軸は建物の取得時からの経過年数を表し，20年ごとに大規模修繕工事を行った場合を示したものです。

実線が変更前（旧法）の減価償却費の推移であり，点線が変更後（新法）の減価償却費の推移です。この図を見ると，資本的支出変更前の減価償却費は大規模修繕工事をするたびに減価償却費が増えています。しかし，資本的支出変更後では法定耐用年数50年が終了すると，減価償却費が激減していることがわかります。

それでは資本的支出の変更前では，なぜ減価償却費は大規模修繕工事が行われるたびにアップするのでしょう？　その理由は，大規模修繕工事をするたびに資本的支出が発生した際に，初期投資の建物取得価額に加算して減価償却費を計算するからに他なりません。つまり，資本的支出が発生すればするほど，減価償却費は増額することになるのです。

これを式で示してみましょう。２回目の大規模修繕工事をすると算式は，

$$\left(\text{初期投資の取得価額}+\text{1回目の資本的支出の額}+\text{2回目の資本的支出の額}\right)\times\left(1-\text{残存価額}\right)\times\text{償却率}$$

となります。しかし，変更後の資本的支出の減価償却の計算は，資本的支出を新規取得の１つの資産とみなすため，最も大きな減価償却費用を生み出していた初期投資の減価償却が終了してしまうと，大規模修繕工事の資

本的支出しか減価償却費を計上できなくなるため，点線のように激減してしまうのです。

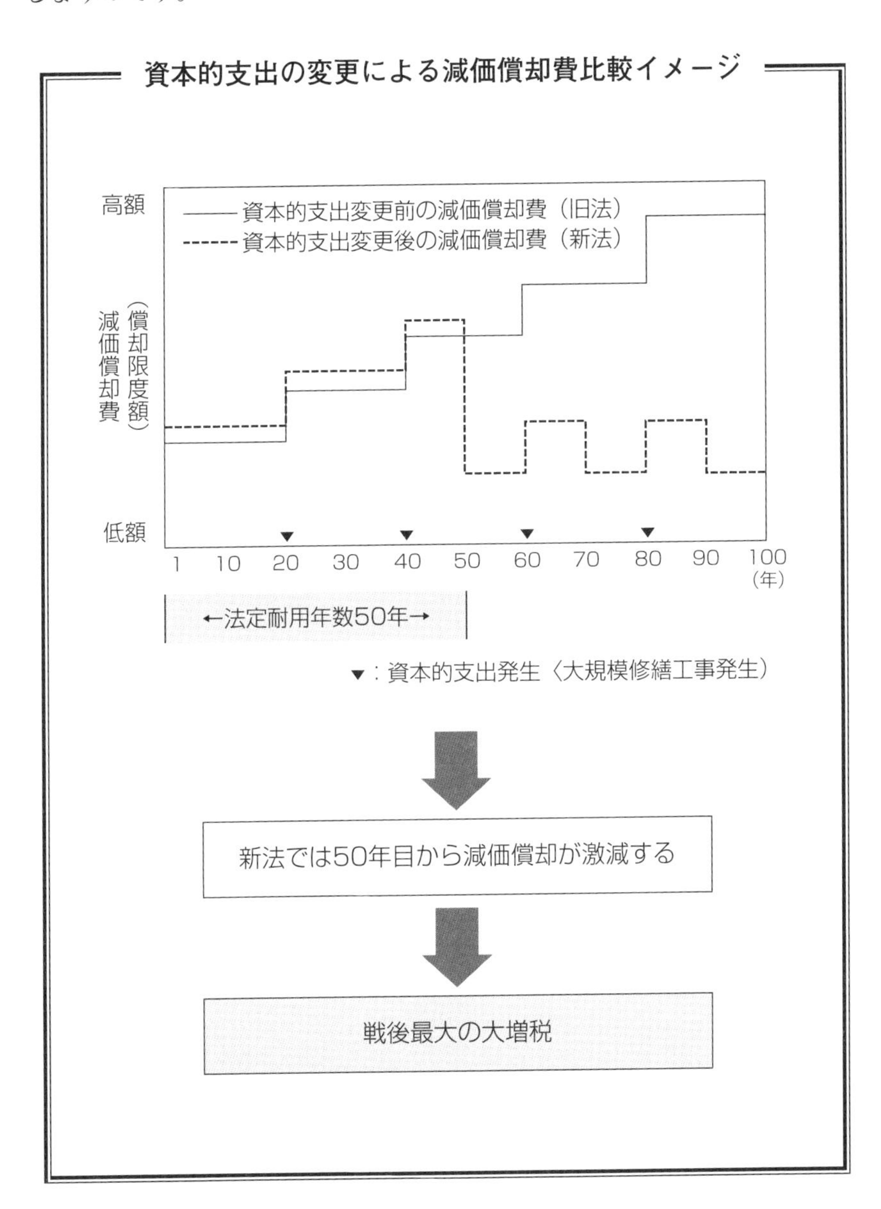

## 90 持続可能な建物に必要な資金調達

減価償却には，重要な役割として自己金融機能というものがあります。一般的に資金調達は，外部（証券市場・銀行など）から資金を得る方法だけが，資金調達と思われているかも知れません。

しかし，会計学を学んでいる人は，企業の内部でも資金調達が可能なことを知っています。それが減価償却の自己金融機能というものです。減価償却は，会計処理において費用として計上しますが，その際にはキャッシュの支出は伴いません。したがって，その費用に計上した額は，企業の内部に蓄積されるということになります。

この点をわかりやすく示した図表が，佐藤正雄名誉教授『業績評価会計入門』（同文舘，1991年，106頁）に記載されています。このアイデアをふまえて，右に図を示しておきます。つまり，建物を持続させるためには，大規模修繕工事が必要不可欠なため，この資金源をどのように調達するかが重要ポイントとなります。価格構造メソッドにより早期に償却累計額を増額することは，内部の蓄積を促進させることを意味します。

税法においても同様なことがいえます。山本守之先生は，『法人税の理論と実務（令和元年度版）』（中央経済社，2019年，244頁）において「設備等減価償却資産に投下した費用の回収手続であり，次期以降の投資に備えたものであるから内部留保である。」と記述しています。大規模修繕工事は，ある意味で次期以降の投資といえます。

価格構成メソッドによる減価償却の早期償却は，内部留保の視点で考えますと，次なる大規模修繕工事の資金調達の一部を構成するものであることを理解できるでしょう。中小企業は，大企業のように資金が潤沢でないため，思うような大規模修繕工事が実施できない現状があります。

したがって，持続可能な建物を実現するためにも，価格構造メソッドは重要な役割があるのです。

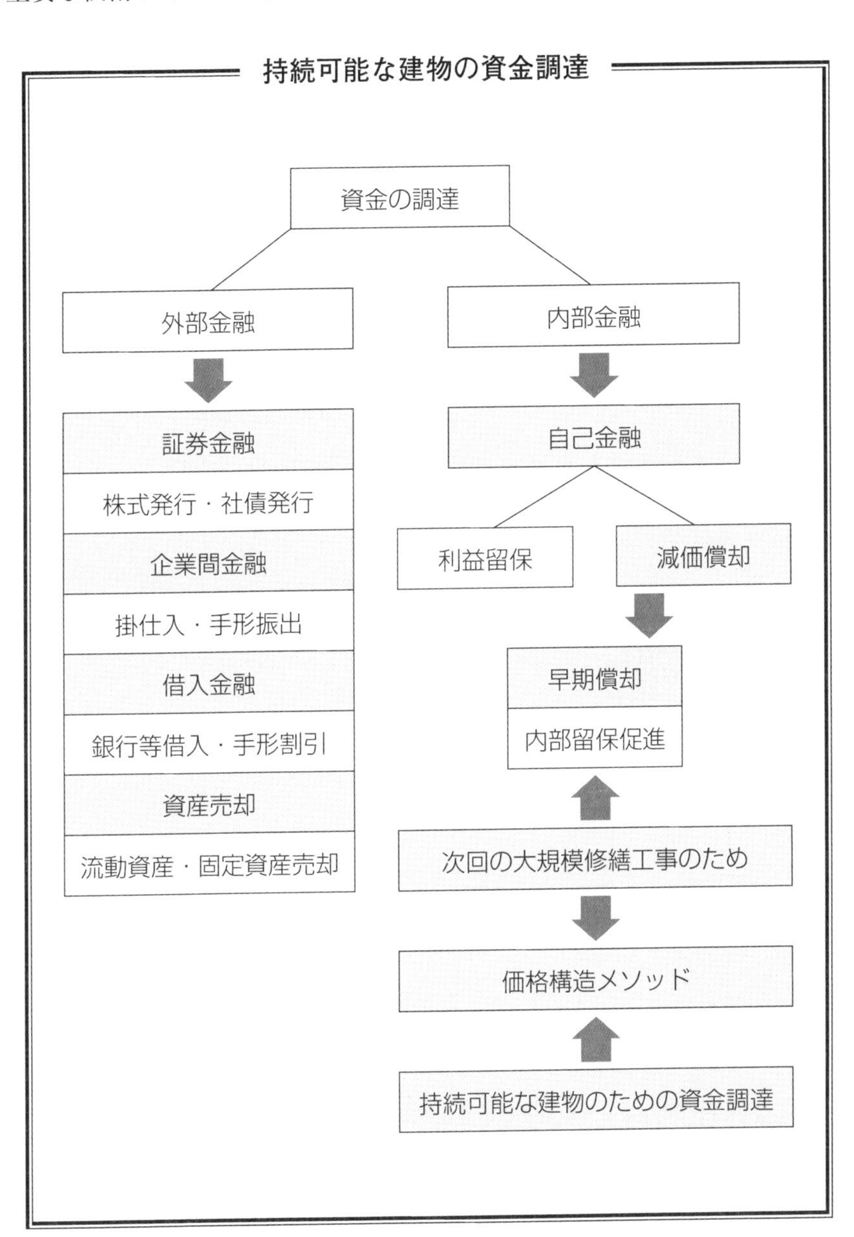

## 91 原価計算の非原価項目と価格構造メソッド

原価計算は，財務諸表の作成，価格設定，予算管理，コスト削減などのために経営者にとっては知らなければならない重要なスキルです。この原価計算のルールが示されている原価計算基準は，昭和37年に作成されました。この基準は，驚くことにこれまで一度も改訂されたことありません。

ここで筆者が問題と考える点は，第１章の「五 非原価項目」（二）異常な状態を原因とする価値の減少「8 固定資産売却損および除却損」部分の「除却損」のところです。当時は，経済の発展途上にあり，建物に関しても次から次へと建てれば良いという理念しかなく，大規模修繕工事の必要性など考慮されませんでした。

しかし現在は違います。既にある建物をいかに長く使用し続けるかが，重要なテーマのため大規模修繕工事が必要不可欠なのです。しかし，工事の実態に即した会計処理として「一部除却」ができていないため，決算書に架空資産という不都合が発生します。大規模修繕工事は，計画的に実施されるもので，決して「異常な状態を原因とする価値の減少」に該当するものではありません。その証拠として，長期修繕計画という存在があります。

このような状況下で，原価計算基準は，今なお非原価項目として除却損を列挙していることは，問題ではないでしょうか？

しかし，財務会計も一部除却を軽視していることを考えれば，仕方ないといえます。

多くの企業のトップは，建物などの有形固定資産は，減価償却だけ行っていれば何ら問題はないと甘い認識があります。償却を早めることによって，次なる製品戦略，サービス戦略を考える必要性があります。そのためには，価格設定を見直すことも重要でしょう。経理担当者や部長に任すのではなく，社長自ら陣頭指揮を取るべきです。そのためには，価格構造メソッドを知っておく必要があるのです。

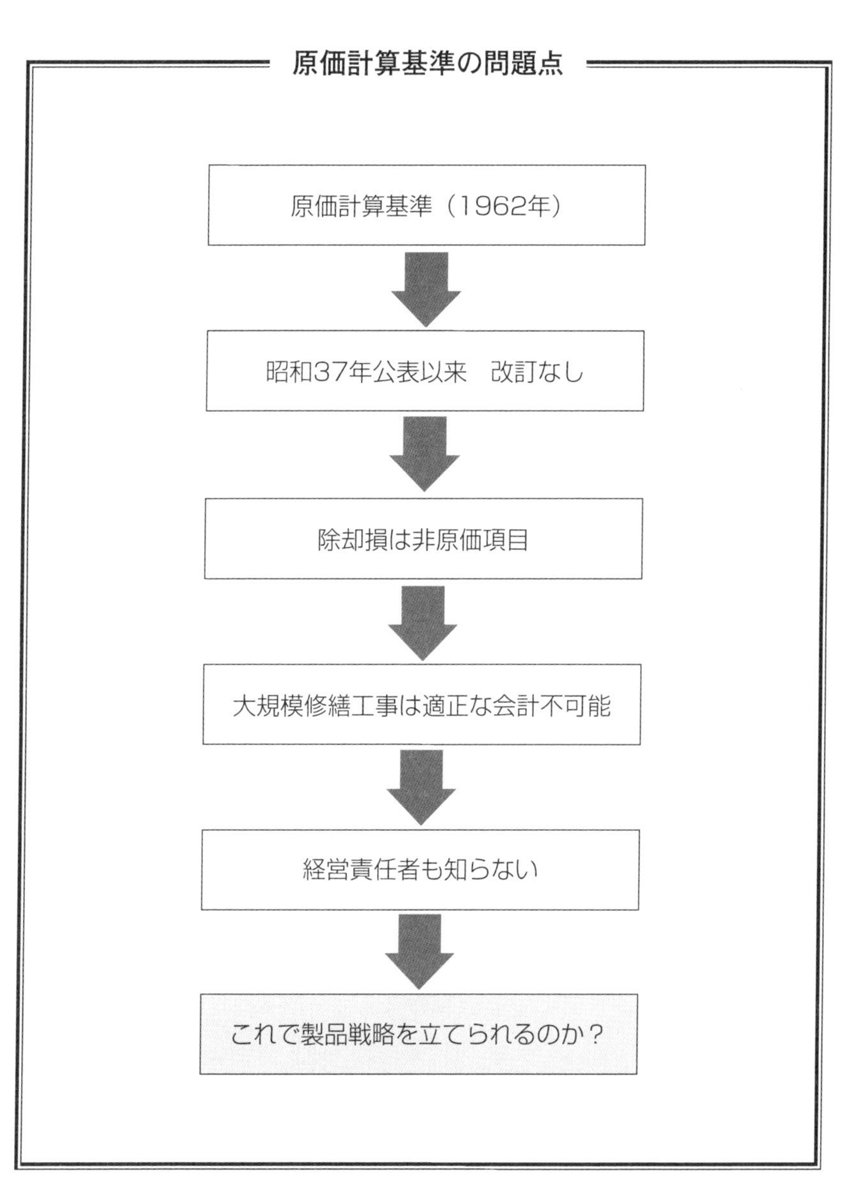

## 92 顧客における「値打ち」の概念とは

付加価値とは企業（経営者）が勝手につけた付加価値であり，この価値に顧客が魅力を感じるかどうかは，別問題ということになります。

それでは，顧客が望む価値とは，いかなるものなのでしょうか？

顧客が満足する価値こそ，顧客満足度なのです。顧客満足度には価格も影響します。顧客満足度は，それぞれの顧客が商品に対して「値打ち」があるかどうか，評価して決めるものです。そのためそれぞれの顧客満足度は異なります。より多くの人に「値打ち」があると思わせるような価格設定が必要不可欠なのです。

価値を標準化しようとしたとき，価値は価値を失うことになります。個性が価値であったのに，個性がなくなり標準化されたら，価値は喪失します。標準化に価値があるという人は，それは隠れた何かに価値を置いているのではないでしょうか？

世に出たての新しいものは，絶対数が少ないので価値が発生します。しかし，時間の経過とともに，似たような商品が世に出回ると標準化という認識の下，価値は失せていきます。これが世の常なのではないでしょうか？

ブランドも値打ちがあると顧客に思わせるために，センスの良い広告を次から次へと展開します。値打ちがあると思わせることが重要なのです。

価格構造メソッドは，建物附属設備に対して「値打ち」があると気づかせる手法ともいえます。そこに企業投資は必要ありません。顧客のマインドを価格に向けさせてあげれば，それで十分なのです。顧客に減価償却という知識を与えることが出来れば，建物附属設備に勝手に「値打ち」があると評価してくれます。建物の価格に対して新しい評価基準を与えるのが，価格構造メソッドなのです。

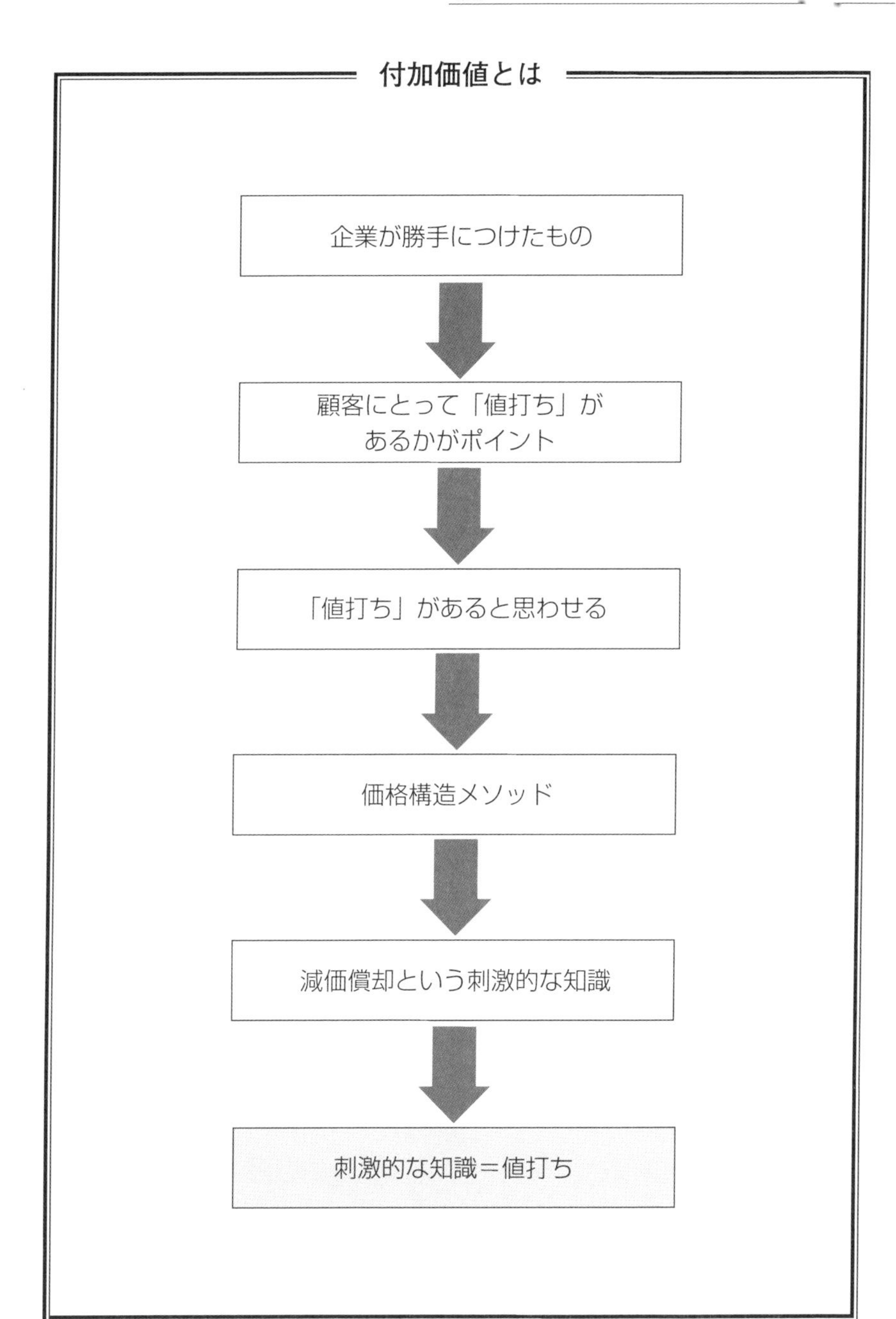
付加価値とは
企業が勝手につけたもの
顧客にとって「値打ち」が
あるかがポイント
「値打ち」があると思わせる
価格構造メソッド
減価償却という刺激的な知識
刺激的な知識＝値打ち

## 93 循環型社会形成と会計と税制

政府は循環型社会形成推進基本計画の策定，その他循環型社会の形成に関する施策の基本となる事項を定めることなどを柱とした「循環型社会形成推進基本法」(2000年５月）を制定しました。この法律の基本理念は「製品にあってはなるべく長期間使用されること等により，廃棄物等となることができるだけ抑制されなければならない」としています。

あれから18年経過しましたが，会計や税務では「循環型社会形成」に貢献できる手法を提示できているのでしょうか？　答えはNOです。逆に税制においては，循環型社会形成において必要不可欠な大規模修繕工事を推進するのではなく，抑制するような税制改正が行われたことは，先の章にて確認したとおりです。

それが「資本的支出の変更」です。これは会計の世界でも，適正な会計処理の１つとして認められてきました。

このような状況を鑑みると，政府の基本方針と行政の方向性が180度異なっていることが理解できます。しかし，このようなことを単に批判しても何も変わりません。

また会計学においても，循環型社会形成をバックアップすべき方法論を提示できたかというと，残念ながらできていません。一部では，資産除去債務を導入したことであると，指摘する人もいます。しか，資産除去債務は，法令や法律上の義務及びそれに準ずるものから行われるもののため，循環型社会形成には全く関係ないことです。

その証として，大規模修繕工事は長期修繕計画書に基づいて施工されるものにもかかわらず，資産除去債務の対象外です。資産除去債務の考え方は，１つのライフサイクル・コストです。撤去費より大規模修繕工事の方が，高額なのにもかかわらず，資産除去債務の対象外なのはなぜでしょうか？

このままでは，わが国の建物は，ボロボロになる道しか残されていないのではないでしょうか？

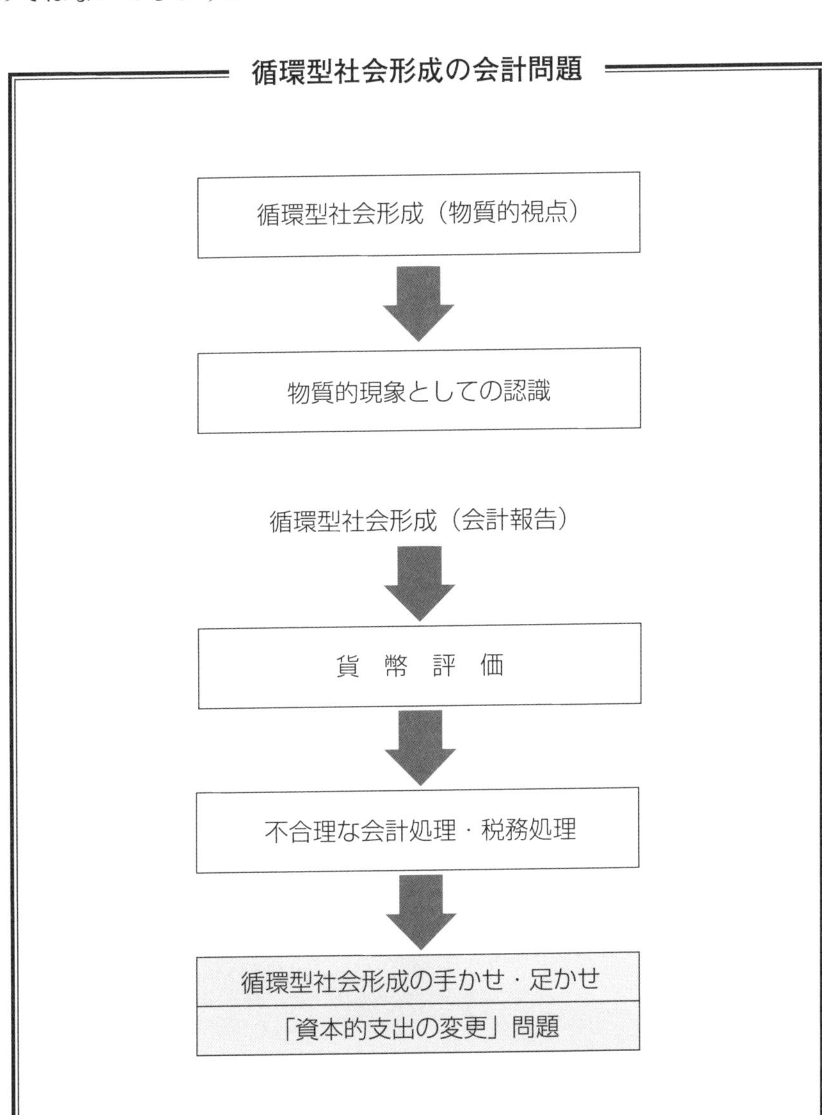

## 94 付加価値の高い商品を作っても顧客は満足しない

売り手は，付加価値を付ければ顧客に商品が売れると思っているのではないでしょうか？

管理会計の付加価値（限界利益）の考え方を用いると，付加価値とは固定費と利益から構成されていることがわかります。

顧客が購入したいと思える商品作りには，この固定費が大きく影響します。ホテルのバーで飲むビールの価格とスーパーで購入するビールの価格を比較すると，3倍強違います。この価格差は利益だけではなく固定費のかかり方も大きく影響しています。

ホテルにおけるバーの維持費は高額です。ホテルの家賃または減価償却費はもとより，人件費も内装費も調度品の質も一流のものを揃えてこそホテルのバーでのビールに，価値が生まれるのです。この価値こそが固定費なのです。付加価値の大きな部分は固定費によって賄われているのです。

だからと言って，商品に付加価値を付ければ商品が売れると思うことは，大間違いです。商品に付加価値を付ければ，当然「価格」が上がります。この「価格」と顧客が望む価値が一致していれば，問題はないのですが，一致していなければ，経営上大きな問題が生じることになります。

固定費とは，売上高に比例しない費用であるため，売上がゼロでも固定費はかかるのです。ビールは売上高に比例する費用なので変動費です。

売上高が上がるということは，その分ビールを多く仕入ることになり，逆に売上高がゼロであれば，ビールを仕入なくても何ら問題はありません。

もちろん，現実的な経営においては，在庫の問題はありますが，ここで論ずるテーマではありません。ここで重要な点は，企業が提供する付加価値とは，顧客が欲する「価値」とは同質ではないということです。

付加価値とは企業（経営者）が勝手につけた付加価値であり，この価値に顧客が魅力を感じるかどうかは別問題です。

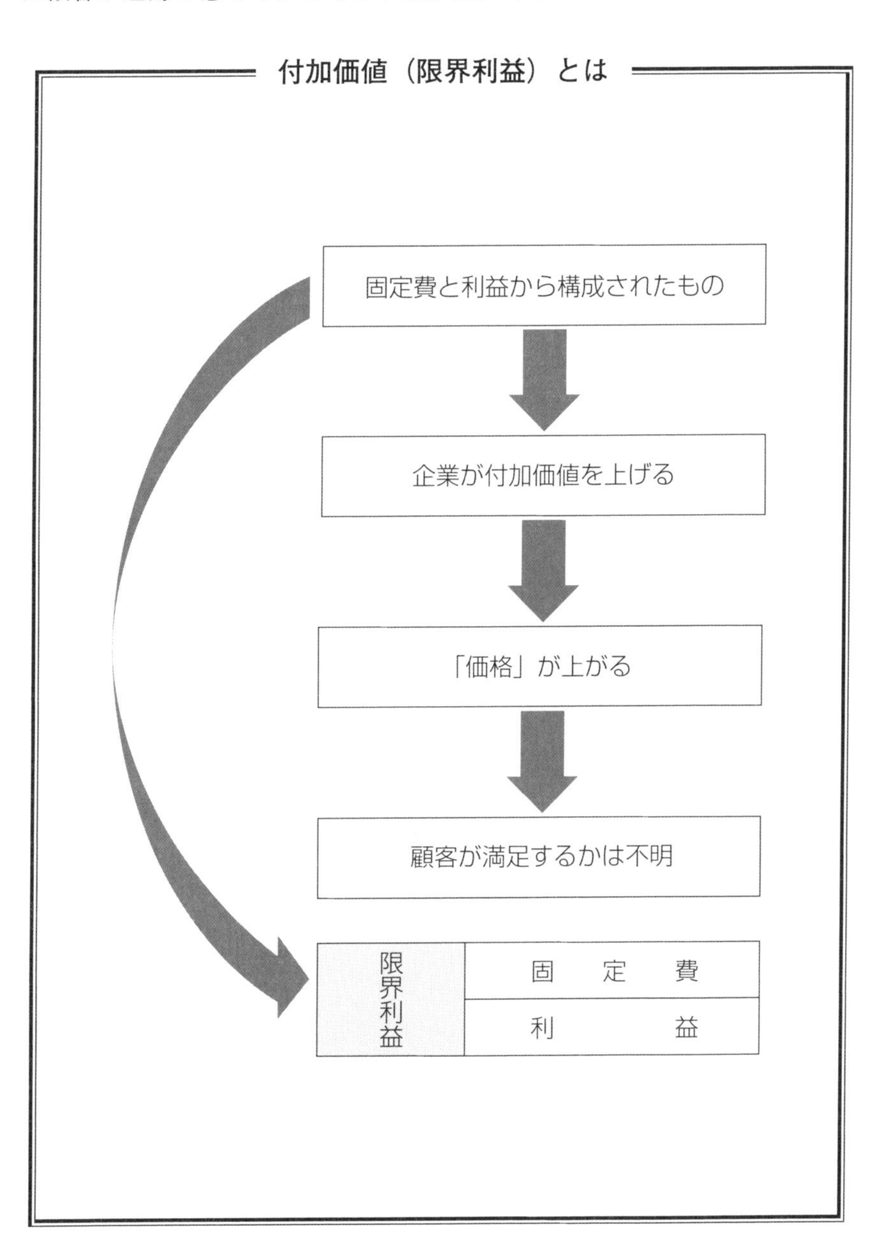

## 95 「善」から考える倫理の重要性

価格や価値について「顧客満足度」が大切であることを，しばしば指摘してきました。「顧客満足度」とは，経済学でいう「効用」を意味します。トーマス・セドラチェク氏の『善と悪の経済学』でも，フェルディナンド・ガリアーニ氏の『貨幣論』（京都大学学術出版会，2017年）でも，満足とは快楽であると指摘しています。悪い方向性で快楽を追求してしまうと，際限がなくなります。ここに抑制を加える必要性があるのです。それが「倫理」です。

アリストテレス『ニコマコス倫理学（上）』（岩波文庫，2012年）を繙くと，快楽について全否定していません。快楽もほどほどに必要であると説いています。「中庸」という概念を用いて，全て「ほどほど」が大切だと言っています。

この「中庸」の概念を導くときの出発点は，「善」であるといっています。アリストテレスは「善とは何か」を追究していく過程で「中庸」の重要性に気付いたのです。

つまり「善」は具体的に明確にはわからないが，人間は「善」に向かって生きていかなければならないといっているのです。そこで，アリストテレスは「「善」が何であるか，また，それがいかなる学問とか能力とかに属するものなるかを把握することを試みなくてはならない。」（19頁）とし，さらに「国においていかなる学問が行なわるべきか，各人はいかなる学問をいかなる程度まで学ぶべきであるかを規律するのは「政治」」と明記しています。

つまり倫理の問題には，政治も絡んでくるのです。法律は政治によって作られます。政治も「中庸」の概念を持たなければならないことを意味します。状況を判断せずに新しい理論を法律で縛ることは，善に反することにもなり得るのではないでしょうか？　法律で何からなにまで規制するのではなく，中庸の概念が必要なのではないでしょうか？

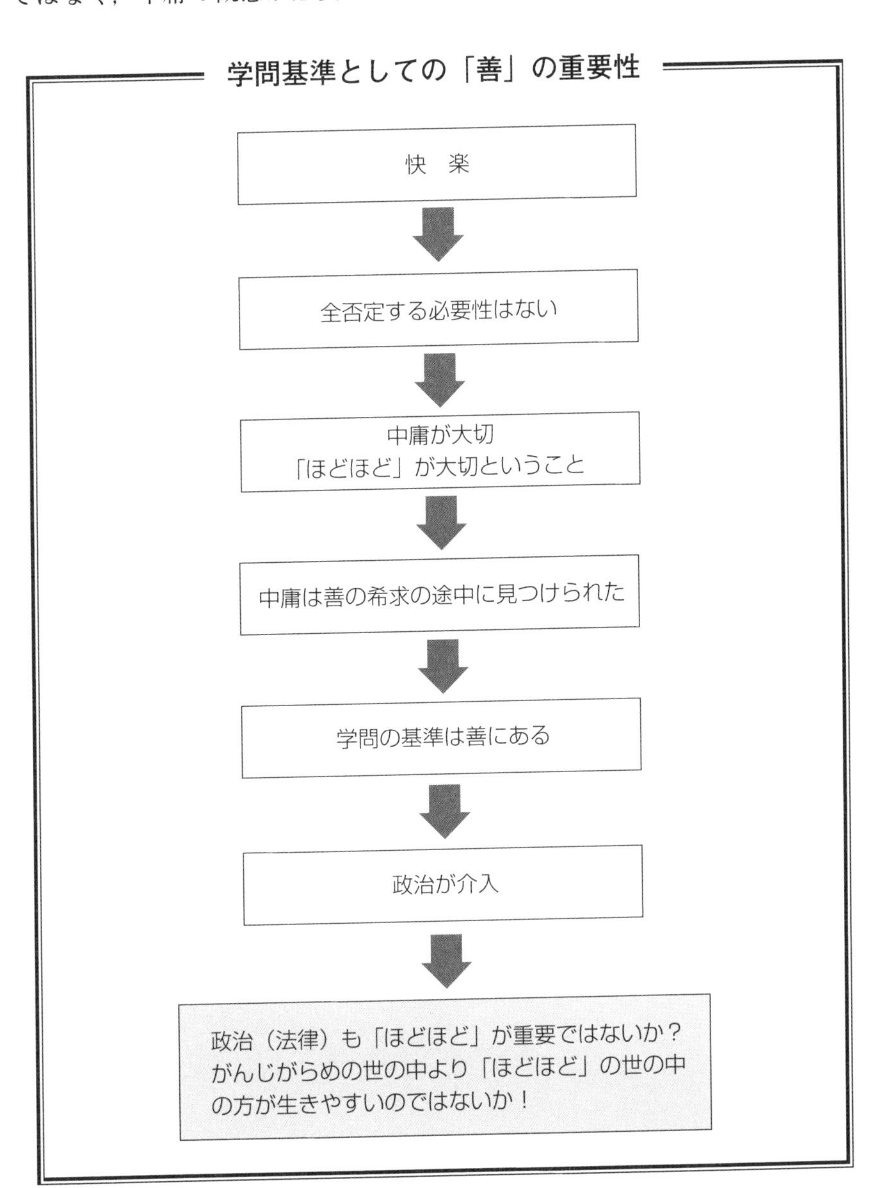

## 96 キャッシュフローにおける減価償却の意義

価格構造メソッドを活用し，コストプラス法の価格構造比率70：30を仮に50：50にすれば，建物附属設備の取得原価は増えるため減価償却費は増額されます。しかし，一方の建物の減価償却費は減少することから，当期純利益が圧縮され，特に株式を上場している企業にとって，経営戦略としてはプラスにならないという見解もあるでしょう。

しかし，上記のような心配は杞憂であるように思えます。金融商品取引法では，キャッシュフロー計算書が義務付けられております。キャッシュフロー計算書の視点で考えると，減価償却費はキャッシュアウトを発生させない費用となるため，問題はないと考えます。安易に業績を良く見せようとする経営者には不評でしょうが，それ以上に，架空資産を放置している方が問題と考える次第です。

ところで金融商品取引法では，なぜキャッシュフロー計算書が財務諸表の一部に追加されたのでしょう？　その理由の１つには，資産・負債アプローチ法の影響があります。資産も負債も評価が多様に使用され，その評価額の一部は純資産の額へも影響するようになったため，何を基準に企業の良し悪しを決定すべきか，という指標が曖昧になってきました。そのため別の指標としてキャッシュフロー計算書が導入されるに至ったと考えられます。

さらに付け加えると，キャッシュフロー計算書においては，法人税などの納税額はキャッシュアウトであるため，価格構造メソッドを使用すれば，税額の面でのキャッシュアウトを減少させる効果が生じます。

建物を所有している企業であれば，大規模修繕工事は避けられません。減価償却費は内部留保ですからキャッシュアウトはありません。そうであれば，価格構造メソッドによって早期に償却し，減価償却累計額を運転資金などに充当しないよう，大規模修繕工事資金として確保しておくことが重要なのではないでしょうか？

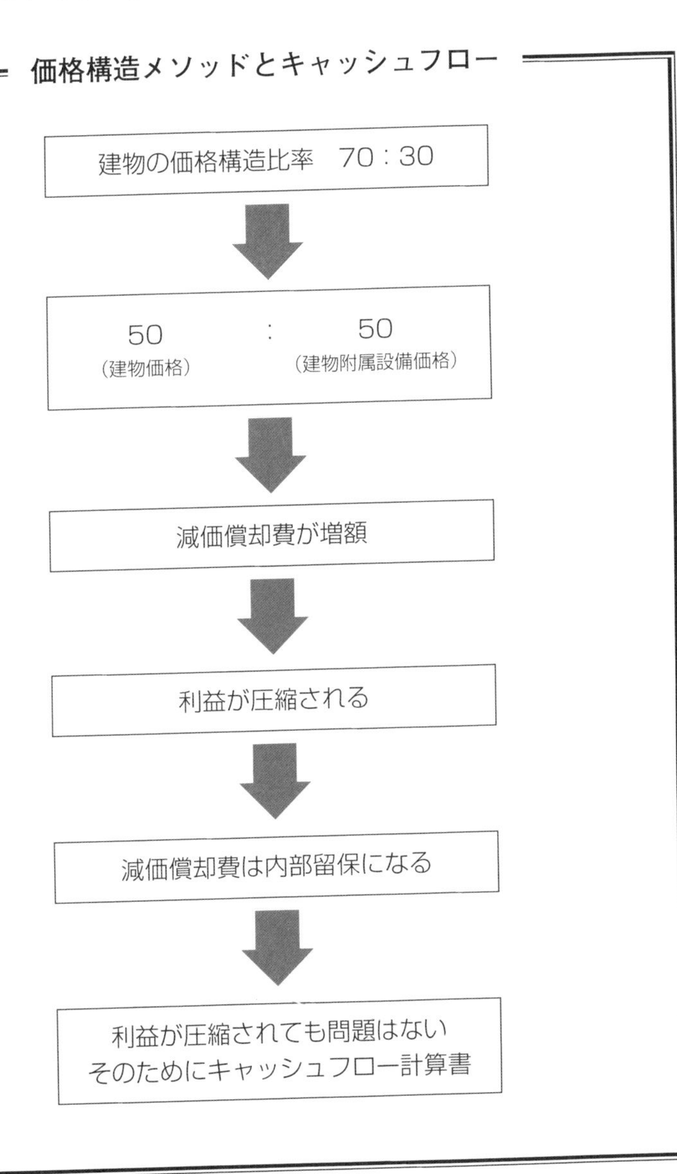

## 97 コンポーネント・アカウンティングの代替案

コンポーネント・アカウンティングとは，有形固定資産の取得原価を重要な構成部分ごとに個別単位として把握し，個別単位ごとに減価償却を行うものです。専門書では例示として飛行機を挙げ，機体・エンジン・座席などの構成部分ごとに分類し，個別構成部分ごとに減価償却を行うものと示されています。

このコンポーネント・アカウンティングは，IFRS（国際会計基準）で容認されているものです。もちろん，わが国の制度会計においては使用できますが，税務申告においては使用することはできません。したがって，制度会計で使用すると税務申告において再度計算し直す必要性があるので，逆基準性の理論になっています。

このコンポーネント・アカウンティングという考え方は，有形固定資産の取得原価を重要構成部分ごとの細分化する考え方です。細分化の対象の基本は取得原価です。取得原価は市場価格です。市場価格は適正であるという認識があるため，コンポーネント・アカウンティングの考え方も有形固定資産の取得原価が出発点となっています。しかし，わが国の税務申告においては，コンポーネント・アカウンティングは認められていません。

それではどうすれば良いのでしょうか？　建物に関して言えば，価格構造メソッドを活用することが，ベターではないでしょうか？　コンポーネント・アカウンティングを使用して税務申告すれば，別表四（課税所得を計算するための別表）で加算されてしまいますが，価格構造メソッドであれば，償却限度額の範囲内となるので，損金範囲内の減価償却費となり何ら問題は発生しません。

会計学では，価格＝取得原価で考えてしまいます。価格を信頼し過ぎている傾向があるのではないでしょうか？　これは会計人の性ともいえます。

しかし他の学問の視点，つまり学際的に価格を考えると，会計学が考えるほどに，緻密なものではないような気がします。

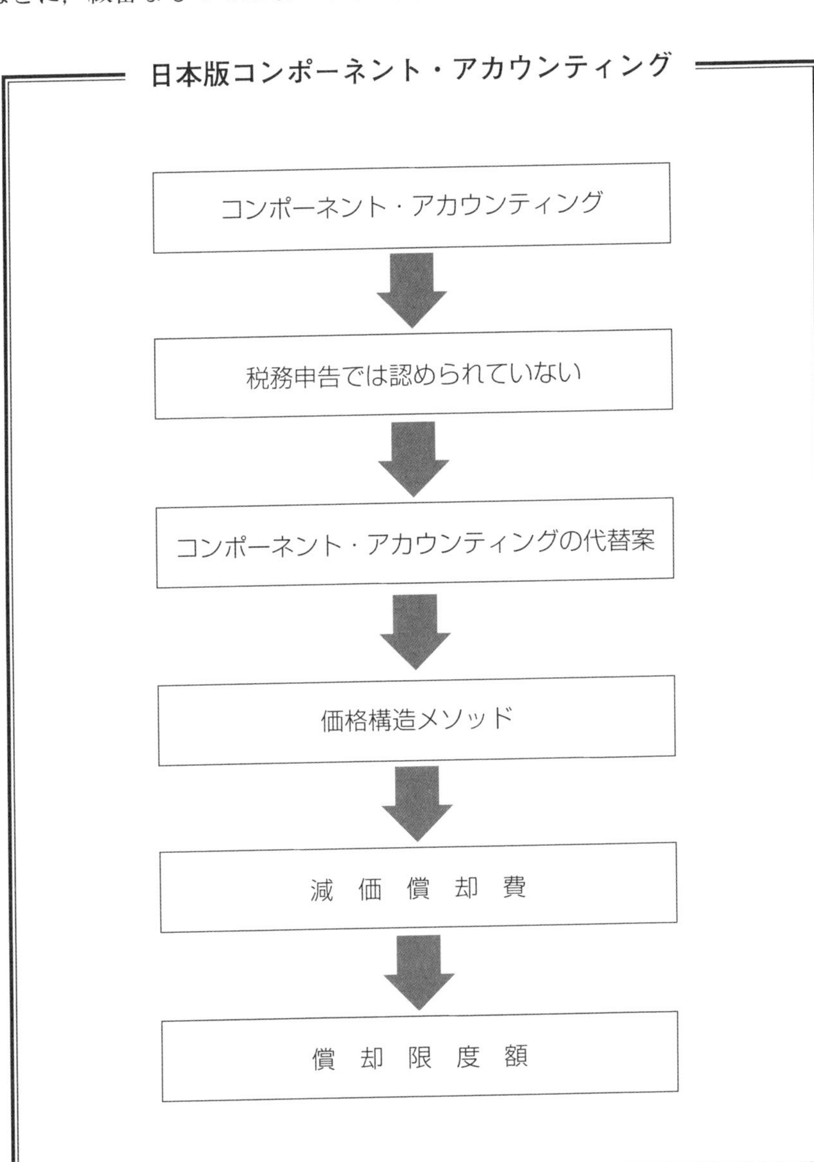

## 98 会計学にとっての価格構造メソッドの意義

公認会計士法１条に公認会計士の使命が明記されています。「公認会計士は，監査及び会計の専門家として，独立した立場において，財務書類その他の財務に関する情報の信頼性を確保することにより，会社等の公正な事業活動，投資者及び債権者の保護等を図り，もつて国民経済の健全な発展に寄与することを使命とする。」とあります。

公認会計士の使命を遂行するためには，厳密に言えば，大規模修繕工事においては一部除却という会計処理をしなければなりません。

架空資産とは，貸借対照表の価額と実体を照合した場合に，実体としては存在しないものが，貸借対照表に計上され続けていることを言います。真実性の原則では，「企業会計は，企業の財政状態及び経営成績に関して，真実な報告を提供するものでなければならない。」と明記されています。資産については，実在しているかどうかが重要な問題となります。つまり，架空資産があってはならないのです。

商品の棚卸に関しては，実地棚卸が行われますが，建物という資産においては，実地棚卸はありません。したがって，取引が行われたときに，適正な会計処理が必要不可欠となります。

公認会計士になるためには，難しい国家試験をパスしなければなりません。会計学のテキストにも専門書にも，記載されていない建物の大規模修繕工事で株主代表訴訟に巻き込まれるリスクを軽減する策が必要不可欠です。

一部除却をできれば良いのですが，そのようなノウハウを持った人たちはわずかです。このような状況下では，価格構造メソッドが最も使い勝手が良いのではないでしょうか？

会計学も税法も，なにかと難しくなり過ぎているように思えて仕方ありません。もっとシンプルにした方が生きやすいのではないでしょうか？このままでは公認会計士にも税理士にもなりたい人たちが，いなくなってしまいます。建物と同様にわが国の危機なのです。

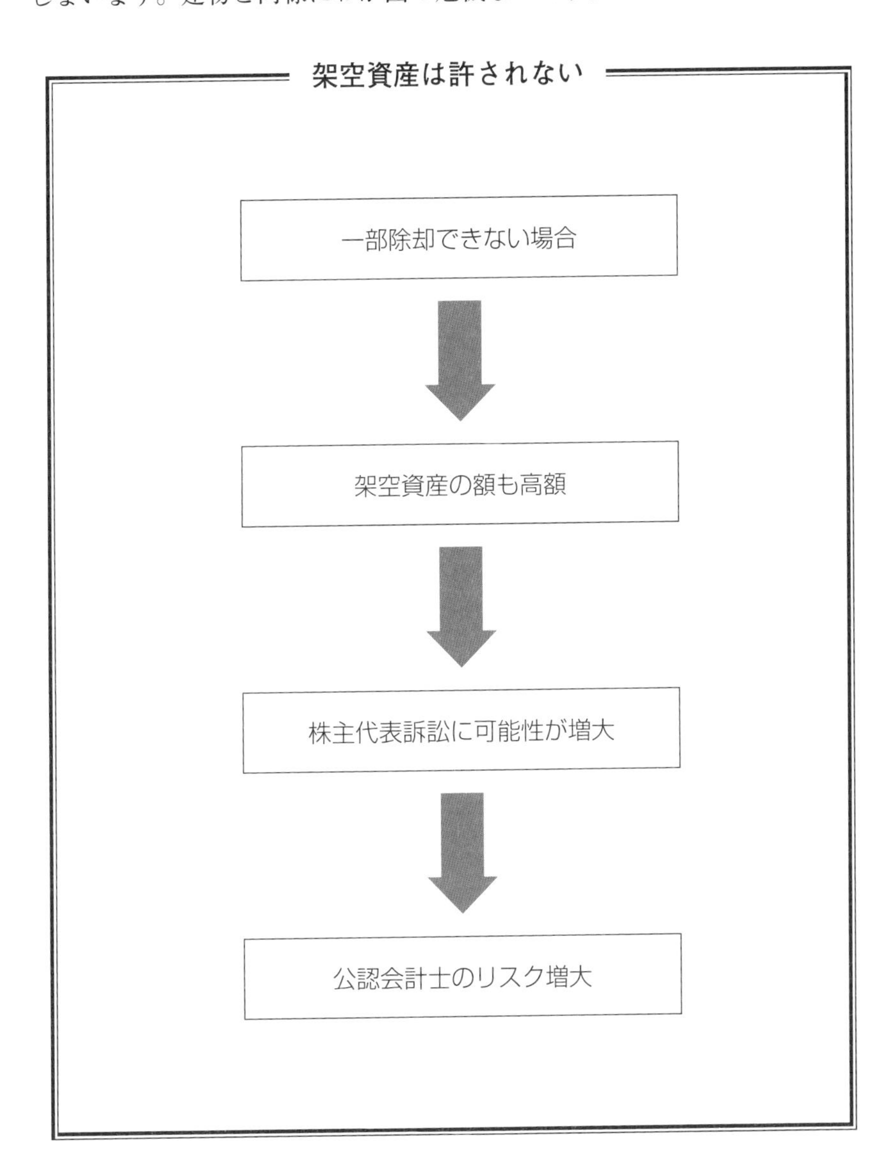

■著者紹介
土屋清人（つちや　きよと）

駒澤大学大学院商学研究科修了。
千葉商科大学商経学部 専任講師。千葉商科大学大学院商学研究科 兼担。千葉商科大学会計大学院 兼担。博士（政策研究）。租税訴訟学会・常任理事。
著書：『建物の一部除却会計論』（中央経済社），『地震リスク対策 建物の耐震改修・除却法』（共著・中央経済社）等，「企業会計」「税務弘報」等論文多数。
受賞歴：一般社団法人 日本経営管理協会 協会賞「建物の架空資産と工事内訳書との関連性」

持続可能な建物価格戦略
――従来の価格設定を覆す会計の視点

2020年7月10日　第1版第1刷発行

著者　土屋清人
発行者　山本継
発行所　㈱中央経済社
発売元　㈱中央経済グループパブリッシング

〒101-0051　東京都千代田区神田神保町1-31-2
電話　03（3293）3371（編集代表）
03（3293）3381（営業代表）
http://www.chuokeizai.co.jp/
印刷／三英印刷㈱
製本／㈲井上製本所



ISBN978-4-502-35081-8　C3034